L'ÉCUMEUR

DE MER,

OU

LA SORCIÈRE DES EAUX.

CHAPITRE XI.

La vérité sera connue : le meurtre de son père ne peut pas être longtemps caché à son fils. Je vous répète que la vérité sera découverte.

LANCELOT.

L'officier de la reine s'était élancé dans le pavillon avec le visage animé et la précipitation d'un homme excité par la colère. L'exclamation d'Alida et sa fuite détournèrent un instant son attention ; mais il se retourna vers son compagnon avec vivacité, pour ne pas dire avec fureur. Il n'est pas nécessaire de répéter la description que nous avons faite de l'étranger, afin de rendre intelligible au lecteur le changement qui s'opéra sur les traits de Ludlow. Il ne pouvait d'abord se persuader qu'il n'y eût pas une autre personne présente ; et lorsque ses regards eurent parcouru tout l'intérieur de l'appartement, ils revinrent examiner le visage et la taille du contrebandier avec une expression d'incrédulité et de surprise.

— Il y a ici quelque méprise ! s'écria le commandant de la Coquette après avoir examiné l'appartement.

— Votre manière aimable d'entrer dans une maison, répondit l'étranger, sur le visage duquel on avait vu une rougeur passagère qui pouvait provenir également de la surprise ou de la colère, a chassé la jeune dame de chez elle ; mais comme vous portez la livrée de la reine, je présume que vous avez le pouvoir d'envahir ainsi la demeure de ses sujets.

— J'avais cru.... ou plutôt j'avais des raisons pour être certain qu'un homme abhorré de tous ceux qui ont de la loyauté était ici, répondit Ludlow un peu confus ; je puis difficilement avoir été trompé, car j'ai entendu clairement les discours d'un de ses gens.... cependant, il n'y est pas.

— Je vous remercie de la haute considération que vous accordez à ma présence.

Les manières plutôt que les paroles de l'étranger portèrent Ludlow à l'examiner une seconde fois. Il y avait dans ce regard une expression mêlée de doute, d'admiration et d'inquiétude, sinon de jalousie, tandis qu'il parcourait les traits du jeune inconnu. Le premier sentiment semblait néanmoins le plus fort des trois.

— Nous ne nous sommes jamais rencontrés! s'écria Ludlow lorsque ses regards commençaient à s'obscurcir par l'attention forcée qu'il donnait à cet examen.

— L'Océan a différents sentiers, et les hommes peuvent y voyager longtemps sans courir le risque de se rencontrer.

— Tu as servi la reine, quoique je te voie dans une situation suspecte.

— Jamais. Je ne suis pas fait pour porter des liens dans la servitude d'aucune femme, reprit le contrebandier avec un sourire ironique, portât-elle mille diadèmes. Anne n'eut jamais une heure de mon temps, ni un seul souhait de mon cœur.

— Voilà un langage hardi pour l'oreille d'un officier, monsieur. L'arrivée d'un brigantin inconnu, certains événements qui se sont passés cette nuit, votre présence ici, ces ballots de marchandises prohibées, élèvent dans mon esprit des soupçons qui doivent être éclaircis. Qui êtes-vous ?

— Un homme rejeté par la société, un homme condamné par le monde ; le proscrit, l'aventurier de l'Océan, l'Écumeur de mer.

— Cela ne peut pas être ; on parle généralement de la difformité de ce proscrit, autant que de sa témérité à braver les lois. Voudriez-vous me tromper ?

— Si les hommes se trompent sur ce qui est visible aux yeux et de peu d'importance, répondit l'étranger avec fierté, n'a-t-on pas raison de douter de leur véracité dans des matières plus sérieuses ? Je suis certainement ce que je parais être, si je ne suis pas ce que je dis.

— Je ne puis croire un conte aussi improbable ; donnez-moi quelque preuve de la vérité de ce que vous dites.

— Regardez ce brigantin, dont les espars délicats se confondent presque avec les branches des arbres, dit l'étranger en s'approchant d'une fenêtre et en dirigeant l'attention de son compagnon vers la Cove ; c'est le brigantin qui a si souvent trompé les efforts de tous les croiseurs, et qui me transporte, avec mes trésors, où il me plaît d'aller, sans la permission de lois arbitraires et les inquisitions de méprisables mercenaires. Le nuage orageux qui flotte au dessus de la mer n'est pas plus libre et à peine plus rapide. On a eu raison de le nommer la Sorcière des Eaux ; car ses manœuvres sur l'Océan semblent dépasser le pouvoir humain. L'écume de la mer ne se balance pas plus légèrement sur les vagues que ce gracieux vaisseau lorsqu'il est poussé par la brise. Il est digne d'être aimé, Ludlow ; crois-moi, je n'ai jamais accordé à une femme l'affection que je ressens pour ce fidèle et beau bâtiment.

— C'est plus qu'aucun marin ne pourrait en dire en faveur du vaisseau qu'il admire.

— Vous ne le diriez pas, monsieur, à l'égard du lourd vaisseau de la reine Anne. Votre Coquette n'est pas des plus belles, et il y a plus de prétention que de vérité dans le nom que vous lui avez donné.

— Par le titre de ma royale maîtresse, jeune homme imberbe, voilà un langage insolent qui pourrait convenir à celui que vous voulez représenter! Mon vaisseau, lourd ou léger, est capable de mettre votre brigantin en contact avec les tribunaux.

— Par l'adresse et les qualités de la Sorcière des Eaux! voilà un langage qui pourrait convenir à un homme qui aurait la liberté d'agir suivant son bon plaisir, dit l'étranger en imitant avec ironie la voix courroucée avec laquelle son compagnon avait parlé ; vous allez avoir une preuve de mon identité ; écoutez : Il y a quelqu'un qui vante son pouvoir, et qui oublie qu'il est la dupe d'un de mes gens, et que tandis que ses discours sont si remplis d'orgueil et de hardiesse, il n'est qu'un captif.

Les joues brunes de Ludlow se couvrirent de rougeur, et il regardait la taille délicate d'un adversaire moins vigoureux que lui, comme s'il eût été tenté de le renverser par terre, lorsqu'une porte s'ouvrit, et Alida parut dans le salon.

Cette entrevue entre le commandant de la Coquette et sa maîtresse causa à l'un et à l'autre quelque embarras. La colère du jeune homme et la confusion d'Alida occasionnèrent un instant de silence ; mais comme la belle Barberie n'était pas revenue sans avoir un but, elle ne tarda pas à prendre la parole.

— Je ne sais pas si je dois condamner ou approuver la hardiesse du capitaine Ludlow en se présentant chez moi à une heure aussi indue, dit-elle, car j'ignore encore son motif. Lorsqu'il lui plaira de me le faire connaître, je pourrai juger de la valeur de ses excuses.

— Il faut en effet qu'il s'explique avant que nous le condamnions, ajouta l'étranger en offrant un siége à Alida, qui le refusa froidement. Sans aucun doute, ce gentilhomme a un motif.

Si des regards pouvaient pulvériser, celui qui venait de parler eût été anéanti. Mais comme la jeune dame parut indifférente à cette dernière remarque, Ludlow entra en explication.

— Je ne chercherai point à cacher que j'ai été le jouet d'un artifice, dit-il, et qu'il est accompagné de circonstances qui me semblent extraordinaires. L'air et les manières du matelot que vous avez vu dans la periagua m'ont porté à lui accorder plus de confiance que la prudence ne l'exigeait, et j'ai été récompensé par la trahison.

— En d'autres termes, le capitaine Ludlow n'est pas aussi sage qu'il se croyait le droit de le penser, dit l'étranger avec ironie.

— Comment suis-je à blâmer, et pourquoi ma demeure est-elle violée ? dit Alida. Est-ce parce qu'un matelot vagabond a trompé le commandant de la Coquette ? Non-seulement je ne le connais pas, mais cette personne, ajouta-t-elle en adoptant un mot qu'on donne au premier venu, cette *personne* m'est étrangère ; il n'y eut jamais entre nous d'autres relations que celles que vous voyez.

— Il n'est pas nécessaire de dire pourquoi j'ai pris terre, continua Ludlow, mais j'ai été assez faible pour permettre au marin inconnu de quitter avec moi mon vaisseau ; et lorsque j'ai voulu y retourner, il a trouvé le moyen de désarmer mes gens et de me faire prisonnier.

— Et cependant vous êtes, pour un captif, passablement libre, ajouta l'étranger toujours avec ironie.

— De quel service est la liberté sans les moyens d'en faire usage ? La mer me sépare de mon vaisseau, et les fidèles matelots qui conduisaient ma chaloupe sont dans les fers. J'ai été moi-même peu surveillé ; mais quoiqu'il m'eût été défendu d'approcher de certains lieux, j'en ai vu assez pour n'avoir aucun doute sur le caractère de ceux que l'Alderman reçoit chez lui.

— Vous voudriez dire, et sa nièce aussi, Ludlow?

— Je ne veux rien dire qui soit contraire au respect que je porte à Alida de Barberie. J'avoue qu'une idée affreuse me tourmentait; mais je vois mon erreur, et je me repens d'avoir mis si peu de réserve dans ma conduite.

— Alors il ne nous reste plus qu'à reprendre notre marché, dit l'étranger en s'asseyant tranquillement devant un ballot ouvert, tandis que Ludlow et la jeune fille se regardaient dans une muette surprise. Il est fort amusant de montrer des trésors prohibés à un officier de la reine; ce sera peut-être un moyen de gagner la faveur royale. Nous en étions restés aux velours et aux lagunes de Venise. En voilà un d'une couleur et d'une qualité dignes de servir d'habit au doge lui-même le jour de ses fiançailles avec la mer. Nous autres habitants de l'Océan, nous regardons cette cérémonie comme une preuve que l'hymen ne nous oubliera pas, quoique nous désertions ses autels. Trouvez-vous que je rende justice au métier, capitaine Ludlow? ou bien êtes-vous entièrement dévoué à Neptune, et vous bornez-vous à envoyer vos soupirs à Vénus quand vous êtes en mer? Ma foi, si l'humidité et l'air imprégné de sel de l'Océan rouillent la chaîne dorée, c'est la faute d'une nature cruelle. Ah! voilà...

Un sifflet aigu résonna à travers les arbrisseaux, et l'orateur devint muet. Jetant ses marchandises avec indifférence sur le ballot, il se leva et parut hésiter. Pendant toute son entrevue avec Ludlow, l'étranger avait conservé un air doux, parfois joyeux, et n'avait jamais partagé le ressentiment que le commandant avait si clairement manifesté. Ses manières annoncèrent alors la perplexité, et ses traits semblaient exprimer qu'il variait dans ses opinions. Les sons du sifflet se firent entendre de nouveau. — Hé! hé! maître Tom, murmura le contrebandier, je t'entends; mais pourquoi cette précipitation? Belle Alida, cet appel veut dire que le moment des adieux est arrivé.

— Nous nous sommes rencontrés avec moins de cérémonie, répondit Alida, qui, surveillée par l'œil jaloux de son admirateur, conservait toute la réserve de son sexe.

— Nous nous sommes rencontrés sans avertissement, mais nous séparerons-nous sans qu'il reste un souvenir de cette entrevue ? Dois-je m'en retourner au brigantin avec toutes ces marchandises, ou obtiendrai-je en échange le tribut doré ?

— Je ne sais pas si j'oserai faire un commerce qui n'est pas sanctionné par les lois, en présence d'un officier de la reine, dit Alida en souriant. Je ne nierai pas que vous n'ayez beaucoup de choses qui peuvent exciter l'envie d'une femme ; mais notre royale maîtresse pourrait oublier son sexe et montrer peu de pitié si elle entendait parler de ma faiblesse.

— Ne craignez rien de cette dame. Ce sont ceux qui se montrent les plus sévères à faire exécuter ces lois ridicules, qui les violent le plus facilement. Par les vertus de l'honnête Leadenhall lui-même, je parierais que si j'étais dans le cabinet de la reine Anne, je parviendrais à tenter la royale dame avec mes belles dentelles et mes lourds brocarts.

— Cela serait plus téméraire que prudent.

— Je ne sais. Quoique assise sur un trône, elle n'est qu'une femme. Déguisez la nature comme vous le voudrez, elle sera toujours un tyran. La tête qui porte une couronne rêve des conquêtes de son sexe plutôt que des conquêtes de l'état. La main qui tient le sceptre est faite pour montrer son habileté à conduire le pinceau ou l'aiguille, et quoique des mots et des idées puissent être appris et répétés avec la pompe de la royauté, la voix n'en est pas moins celle d'une femme.

— Sans vouloir mettre en question les mérites de notre royale maîtresse, dit Alida qui était toujours prompte à défendre les droits de son sexe, nous pouvons réfuter cette accusation en citant l'exemple de la glorieuse Elisabeth.

— Nous avons eu aussi nos Cléopâtres dans les combats de mer, et la crainte qu'elles inspiraient était plus forte que l'amour. La mer a ses monstres, et la terre peut avoir les siens. Celui qui a créé le monde lui donna des lois auxquelles il n'est pas bien de se soustraire. Nous autres hommes, nous sommes jaloux de nos droits, et nous n'aimons pas à les voir usurper; et croyez-moi, madame, celle qui s'égare de la route que la nature lui a tracée, déplore bientôt sa fatale erreur. Mais nous arrangerons-nous pour le velours, ou préférez-vous le brocart?

Alida et Ludlow écoutaient avec admiration le capricieux et léger langage du singulier contrebandier, et tous les deux cherchaient en vain à se faire une juste idée de son caractère. Son air équivoque était en général bien soutenu, quoique le commandant de la Coquette eût découvert dans les manières de l'étranger, lorsqu'il s'adressait à Alida, une ardeur et une émotion qui excitaient dans son cœur un malaise dont il était honteux, même envers lui-même. On pouvait croire que la jeune fille observait aussi cette nuance, aux couleurs brillantes qui couvraient ses joues, quoique probablement elle n'en connût pas les effets. Lorsqu'on lui demanda de nouveau ce qu'elle décidait relativement aux marchandises, elle regarda Ludlow avant de répondre.

— Je suis forcée d'avouer, dit-elle en riant, que vous n'avez pas étudié en vain le cœur des femmes. Et cependant, avant de prendre une décision, permettez-moi de consulter ceux qui, ayant une plus grande connaissance des lois, jugeront mieux que moi de la légalité de ce commerce.

— Si cette demande n'était pas raisonnable en elle-même, je devrais l'accorder à votre rang et à votre beauté, madame; je laisse le ballot sous votre protection, et demain, avant que le soleil soit couché, on viendra connaître votre réponse. Capitaine Ludlow, nous séparerons-nous amis, ou votre devoir envers la reine proscrit-il ce mot?

— Si vous êtes ce que vous me semblez, dit Ludlow, vous êtes un être inexplicable; si c'est une mascarade, ce que je soupçonne un peu, le rôle est bien joué, quoiqu'il n'ait rien de digne.

— Vous n'êtes pas le premier qui ait refusé d'en croire ses yeux, dans des circonstances relatives à la Sorcière des eaux et à son commandant... Paix ! honnête Tom... ton sifflet ne hâtera pas le temps!... Ami ou non, le capitaine Ludlow n'a pas besoin que je lui rappelle qu'il est mon prisonnier.

— S'il faut convenir que je suis tombé au pouvoir d'un misérable....

— Chut ! si vous voulez conserver tous vos membres. Maître Thomas Tiller est un homme dont l'humeur est un peu rude, et il n'aime pas plus les injures qu'un autre. Outre cela, l'honnête marin n'a fait qu'obéir à mes ordres, et sa réputation est protégée par une responsabilité supérieure.

— Tes ordres! répéta Ludlow avec une expression dans les yeux et sur les lèvres qui aurait pu offenser un homme d'un caractère plus irritable que celui auquel il s'adressait. L'homme qui a si bien réussi dans son artifice est plus fait pour commander que pour obéir. Si l'Écumeur de mer est ici, c'est lui.

— Nous ne sommes tous que l'écume des flots qui va où le vent la pousse. Mais en quoi cet homme vous a-t-il offensé, pour trouver tant d'aigreur dans un officier de la marine? Il n'a pas eu la hardiesse, je l'espère, de proposer un marché secret à un si loyal gentilhomme.

— C'est bien, monsieur, vous choisissez un heureux moment pour cette plaisanterie. Je vins à terre pour manifester le respect que j'éprouve pour cette dame, et il m'importe peu que le monde connaisse le but de cette visite. Ce n'est pas un vain artifice qui m'a conduit ici.

— C'est parler avec la franchise d'un marin, dit l'inexplicable étranger, quoique son visage pâlît et que sa voix parût hésiter. J'admire ce dévoûment d'un homme envers une femme; car, comme l'habitude met tant d'entraves à l'expression de leurs sentiments, il est de notre devoir de laisser aussi peu de doutes que possible sur nos intentions. On est obligé de convenir que la belle Alida ne pourra agir plus sagement qu'en récompensant une aussi sincère admiration.

L'étranger jeta un regard sur Alida qui semblait annoncer de l'inquiétude, et en parlant à la jeune fille il semblait attendre une réponse.

— Lorsque le temps sera venu de prendre une décision, répondit Alida moitié satisfaite et moitié mécontente de cette allusion, il sera peut-être nécessaire de demander les avis de différents conseillers... J'entends les pas de mon oncle... Capitaine Ludlow, je laisse à votre prudence le soin de décider si vous devez le rencontrer ou non.

Les pas pesants du bourgeois s'approchaient à travers les chambres extérieures du pavillon. Ludlow hésita, jeta un regard de reproche à sa maîtresse, et quitta aussitôt l'appartement par la même issue où il avait passé pour entrer. Un bruit qui se fit entendre dans le bosquet prouva suffisamment que son retour était attendu et qu'il était surveillé de près.

— Par l'arche de Noé et nos grand'mères! s'écria Myndert en montrant à la porte son visage coloré par le mouvement, vous nous avez apporté des marchandises qui sont le rebut de nos ancêtres, maître Seadrift. Voilà des étoffes du dernier siècle, et elles devraient être troquées pour de l'or qui a été dépensé.

— Qu'est-ce que c'est! qu'est-ce que c'est! répondit le contrebandier, dont le ton et les manières semblaient changer à volonté suivant l'humeur de la personne avec laquelle il parlait. Qu'est-ce que cela veut dire, que vous vous plaigniez de marchandises qui ne sont que trop belles pour des pays aussi éloignés? Il y a bien des duchesses anglaises qui désireraient posséder ces belles étoffes que j'offre à ta nièce; mais en vérité, il y a bien peu de duchesses à qui elles iraient aussi bien.

— La jeune fille est jolie, et tes velours et tes brocarts sont passables; mais les autres articles ne sont pas faits pour être offerts à un Sachem mohawk. Il faut qu'il y ait une réduction dans les prix, ou nous ne ferons pas d'affaires ensemble.

— Ce serait grand dommage. Mais s'il faut mettre à la voile, nous le ferons. Le brigantin connaît le canal par-dessus les sables du Nantucket, et je parierais sur ma vie que les Yankies trouveront d'autres chalands que les Mohawks.

— Tu es aussi prompt que ton bâtiment lui-même, maître Seadrift. Qui te dit qu'un compromis ne peut pas être fait lorsque toute discussion sera prudemment terminée? Ote les florins impairs pour faire un compte rond, et ton commerce est terminé pour cette saison.

— Pas un sou de Hollande. Allons, montre-moi la face des doublons, jette assez de ducats simples dans la balance pour compléter la somme, et que tes esclaves portent tes marchandises dans l'intérieur des terres avant que la lumière du jour ne vienne raconter leur histoire. Il y a ici quelqu'un qui peut nous faire du tort si cela lui plaît, quoique je ne sache pas jusqu'à quel point il est maître du secret.

L'Alderman van Beverout tressaillit et regarda involontairement derrière lui, rajusta sa perruque comme un homme pleinement convaincu de la valeur des apparences dans ce monde, et tira prudemment les rideaux des fenêtres.

— Il n'y a personne de plus qu'à l'ordinaire, excepté ma nièce, dit l'Alderman après avoir pris les précautions dont nous venons de parler. Il est vrai que le patron de Kinderhook est ici; mais comme il dort, c'est un témoin en notre faveur, sa langue gardera le silence tandis que nous aurons le témoignage de sa présence.

— Eh bien, que cela soit ainsi! reprit le contrebandier lisant dans les regards suppliants d'Alida qu'elle désirait qu'il n'en dît pas davantage. Mon instinct me disait qu'il y avait une personne de plus, mais il n'allait pas jusqu'à découvrir que cette personne dormait. Il y a des commerçants sur la côte qui, pour l'amour de leur sûreté, mettraient sa présence sur le mémoire.

— N'en dites pas davantage, digne maître Seadrift. Pour parler franchement, les marchandises sont dans la periagua, et déjà hors de la rivière. Je savais que nous finirions par nous entendre; le temps est précieux, et il y a un croiseur de la reine près d'ici : mes coquins passeront sous son pavillon comme des innocents qui vont au marché; et je parierais un hongre flamand contre un cheval de Virginie, qu'ils demandent si le capitaine n'a pas besoin de légumes pour sa soupe... Ah! ah! ah! ah!... Ce Ludlow est un innocent, ma nièce, et il n'est pas fait pour se mesurer avec des hommes d'un âge raisonnable. Vous saurez mieux l'apprécier quelque jour, et vous lui donnerez son congé comme à un créancier importun.

— J'espère que ces achats seront légalement sanctionnés, mon oncle?

— Sanctionnés! Le bonheur sanctionne

tout. C'est en commerce comme en guerre : les succès donnent la réputation et le butin. Le plus riche commerçant est toujours le plus honnête... Plantations et ordres du conseil ! que font nos gouverneurs en Angleterre pour qu'il leur soit permis de vociférer contre un peu de contrebande ? Les coquins déclameront pendant une heure contre la subornation et la corruption, tandis que la moitié d'entre eux obtiennent leurs siéges au parlement par la fraude, et aussi illégalement que vous achetez ces dentelles de malines. Dans le cas où la reine s'offenserait de notre commerce, maître Seadrift, procurez-moi une ou deux saisons aussi favorables que la dernière, et je serai votre passager pour Londres ; j'achèterai un siége au parlement, et je répondrai au mécontentement royal de ma place, comme ils disent. Par la responsabilité des états-généraux ! dans de telles circonstances je reviendrais sir Myndert, et les Manhattaneses pourraient bien entendre parler d'une lady van Beverout. Alors, ma jolie Alida, ton héritage serait bien diminué !... Allons, va te coucher, mon enfant, et rêve de dentelles, de velours, des devoirs d'une nièce envers un vieil oncle, de discrétion en général, et de toutes sortes d'agréables choses. Embrasse-moi, petite fille, et va te mettre au lit.

Alida obéit ; et elle se préparait à quitter l'appartement, lorsque le contrebandier s'avança près d'elle avec un air si galant et si respectueux, qu'elle n'aurait guère pu s'offenser de sa hardiesse.

— Je manquerais de reconnaissance, dit-il, si je quittais une pratique aussi généreuse sans la remercier de sa libéralité. L'espérance de la rencontrer encore hâtera mon retour.

— Je ne sais pas à quel titre vous me devez ces remercîments, répondit Alida, quoiqu'elle s'aperçût que son oncle mettait avec soin plusieurs articles de côté, et qu'il avait déjà placé quelques-unes des plus séduisantes marchandises sur sa table de toilette; on ne peut dire que nous ayons fait quelques affaires ensemble.

— Je me suis séparé de choses qui ne sont point visibles aux yeux humains, répondit l'étranger en baissant la voix et parlant avec une vivacité qui fit tressaillir Alida. Obtiendrai-je un retour pour ce don, ou bien dois-je le regarder comme perdu, c'est ce que le temps et mon étoile décideront.

Alors il prit la main de la jeune fille, la souleva jusqu'à ses lèvres, et mit tant de grâce et de douceur dans cette action, qu'Alida ne parut s'en offenser que lorsqu'il n'était plus temps de la lui défendre. Elle rougit, sembla disposée à se fâcher, puis sourit, et enfin, saluant avec confusion, elle se retira.

Plusieurs minutes se passèrent dans le plus grand silence lorsqu'Alida eut disparu. L'étranger était pensif, quoique ses regards animés brillassent comme si des pensées joyeuses eussent traversé son esprit. Il marchait à grands pas dans l'appartement, oubliant la présence de l'Alderman. Ce dernier, néanmoins, trouva bientôt l'occasion de la lui rappeler.

— Ne crains pas que la jeune fille parle, s'écria-t-il lorsqu'il eut rempli sa tâche. C'est une excellente nièce, et qui connaît ses devoirs. Voilà un avantage sur son livre de compte qui fermerait la bouche à la femme du premier lord du trésor. Vos projets ne me plaisent pas d'abord ; car, voyez-vous, je ne pense pas que M. Barbérie ou ma défunte sœur eussent approuvé qu'on la lançât si jeune dans le commerce. Mais ce qui est fait est fait, et le Normand lui-même ne pourrait pas nier que j'ai fait un bon choix d'excellentes marchandises au bénéfice de sa fille. Quand comptez-vous mettre à la voile, maître Seadrift ?

— Avec la marée du matin. Je n'aime pas beaucoup le voisinage de ces officieux gardes-côtes.

— Sagement pensé ! La prudence est une qualité inappréciable dans un commerce secret. C'est celle que j'admire le plus dans maître Seadrift, après sa ponctualité. Je souhaiterais qu'on pût compter de même sur la moitié des maisons de commerce qui ont pour raison de société trois ou quatre noms, sans compter les Cᵉ. Ne crois-tu pas qu'il est plus sûr de traverser le passage à la faveur des ténèbres ?

— C'est impossible. Le flux y entre

comme un torrent dans un ravin, et nous avons le vent à l'est. Mais ne crains rien, le brigantin ne porte pas un fret vulgaire, et notre commerce l'a allégé. La reine, les doublons et les ducats de Hollande peuvent montrer leur face dans les bureaux de l'échiquier royal lui-même. Nous n'avons pas besoin de passe-ports, et la Fille du Meunier est un nom aussi convenable que la Sorcière des Eaux. Nous commençons à nous fatiguer de courir ainsi, et nous avons presque envie de goûter les plaisirs de Jersey pendant une semaine. Il doit y avoir de bonnes chasses dans les hautes plaines.

— Que Dieu vous en préserve, que Dieu vous en préserve, maître Seadrift! J'ai fait tuer tous les daims, il y a dix ans, pour avoir leur peau ; et quant aux oiseaux, ils ont tous déserté, jusqu'au dernier pigeon, lorsque la dernière tribu de sauvages parut à l'ouest de la Delaware. Tu as déchargé ton brigantin plus sûrement que tu ne pourrais décharger ton fusil. Je suppose que l'hospitalité de Lust-in-Rust ne peut pas être mise en doute ; mais je désire faire bonne contenance parmi nos voisins. Crois-tu que les mâts impertinents de ton brigantin ne seront pas vus par-dessus les arbres quand le jour viendra? Ce capitaine Ludlow n'est pas oisif lorsqu'il pense que son devoir est intéressé.

— Nous essaierons de le tenir tranquille; et quant à ses gens, les arbres les empêcheront de nous découvrir. Je laisse le digne Tiller terminer les comptes entre nous, et je vais prendre congé. Mais, Alderman, un mot avant de partir. Le vicomte de Cornbury reste-t-il toujours dans les provinces?

— Comme un terme! il n'y a pas une maison de commerce dans les colonies plus solidement établie.

— Il y a entre nous des affaires qui ne sont pas terminées. Une petite prime achèterait l'obligation.

— Que le ciel te protége, maître Seadrift, et un voyage heureux en partant et au retour! Quant à la responsabilité du vicomte.... la reine peut lui confier une autre province, mais Myndert van Beverout ne voudrait pas lui faire crédit pour la queue d'une marte. Que le ciel te protége!

Le contrebandier parut s'arracher avec répugnance de l'appartement de la belle Barberie. Ses adieux à l'Alderman furent un peu cavaliers ; mais comme le bourgeois observait à peine les formes de la simple politesse, dans son désir de se débarrasser de son hôte, le dernier fut enfin obligé de partir. Il disparut par le balcon comme il était entré.

Lorsque Myndert van Beverout fut seul, il ferma les fenêtres du pavillon de sa nièce et se retira dans son appartement. Là, l'économe bourgeois s'occupa d'abord à divers calculs qui prouvaient combien son esprit était habitué à ce travail. Après cette occupation préliminaire, il donna une courte et secrète audience au marin au châle des Indes, pendant laquelle on eût pu entendre le bruit des pièces d'or. Lorsque le marin eut disparu, le maître de la villa s'assura d'abord si tous les moyens de sûreté qu'on employait alors ainsi qu'aujourd'hui en Amérique pour fermer une maison de campagne étaient en bon état. Tandis qu'il se promenait sur la pelouse comme un homme qui a besoin de prendre le grand air, il jeta plus d'un regard inquiet sur la fenêtre de la chambre occupée par Oloff van Staats, où tout reposait dans le silence, sur le brigantin immobile dans la Cove, et sur le croiseur de la couronne plus éloigné des côtes. Tout, autour de lui, goûtait le calme de la nuit. Les bateaux même qu'il savait être en route entre la terre et le petit vaisseau à l'ancre étaient invisibles, et il rentra dans son habitation avec la sécurité que chacun pourrait ressentir, dans de semblables circonstances, au milieu d'un pays aussi peu habité et aussi peu surveillé que celui où il vivait.

CHAPITRE XII.

> Venez ici, Nérissa ; j'ai des nouvelles à vous apprendre que vous ne savez pas encore.
>
> SHAKSPEARE, *le Marchand de Venise.*

Malgré le mouvement qui avait eu lieu dans l'habitation du Lust-in-Rust et dans les environs pendant la nuit qui termine notre dernier chapitre, personne, excepté les initiés, n'avait la plus petite idée de ce qui s'était passé. Oloff van Staats se leva de bonne heure, et lorsqu'il parut sur la pelouse pour respirer l'air du matin, il n'existait rien qui pût éveiller ses soupçons sur ce qui avait eu lieu la veille. La Cour-des-Fées était encore fermée ; mais on apercevait le fidèle François près de la demeure de sa maîtresse, occupé à ces petites bagatelles qui peuvent être agréables à une jeune et riche héritière. Van Staats de Kinderhook était l'amoureux de vingt-cinq ans le moins romanesque, quoiqu'il ne fût pas entièrement ignorant des sympathies de convention de l'amour. Il était mortel, et les attraits enchanteurs de la belle Barberie étaient assez puissants pour qu'il n'eût pas entièrement échappé au sort qui menace une jeune imagination lorsqu'elle est excitée par la beauté. Il s'approcha du pavillon, et, par une manœuvre adroite mais décisive, il arriva près du domestique français de manière à rendre une communication verbale, non-seulement naturelle, mais inévitable.

— Voilà une belle matinée et un air bien sain, monsieur François, dit le jeune patron en levant son chapeau avec gravité pour répondre au salut respectueux du domestique. C'est une demeure fort agréable pendant les mois les plus chauds de l'année, et on pourrait la visiter plus souvent.

— Lorsque M. le patron sera le seigneur de ce manoir, il y viendra lorsqu'il le désirera, répondit François, qui savait qu'une plaisanterie de sa façon ne pouvait être regardée comme un engagement de la part de celle qu'il servait, tandis qu'elle ne pouvait pas manquer d'être agréable à celui auquel elle était adressée. M. de van Staats est un grand propriétaire près de la rivière, et peut-être un jour il sera propriétaire près de la mer.

— J'ai pensé à suivre l'exemple de l'Alderman, honnête François, et à bâtir une villa sur la côte. Mais j'en aurai le temps lorsque je serai mieux établi dans la vie. Votre jeune maîtresse n'est pas encore levée, François?

— Non, monsieur, mademoiselle dort

encore : c'est un bon symptôme, monsieur le patron, pour les jeunes personnes, de bien dormir, et toute la famille des Barberie a toujours dormi à merveille.

— Cependant c'est un plaisir de respirer cet air frais et sain qui vient de la mer, comme un baume dans les premières heures du jour. Sans doute, bon François, votre jeune maîtresse ne sait pas l'heure qu'il est. Vous feriez peut-être bien de frapper à sa porte. J'avoue que ce serait un bonheur pour moi de voir son joli visage souriant à cette fenêtre au milieu de cette douce scène du matin.

Il n'est pas probable que l'imagination du patron de Kinderhook eût jamais pris auparavant un si brillant essor, et on pouvait présumer par le regard errant et alarmé qu'il jeta autour de lui après une preuve de faiblesse aussi peu équivoque, qu'il se repentait déjà de sa témérité. François, qui n'aurait pas volontiers désobligé un homme possesseur de cent mille acres de terre, avec des droits de manoir, se trouva embarrassé de cette demande, et se rappela à temps que l'héritière avait un caractère positif, qui ne permettait pas de contredire ses volontés.

— Je serais trop heureux de faire ce qui vous est agréable, répondit-il, mais le sommeil est une si bonne chose pour les jeunes personnes! Ensuite, on n'a jamais pris cette liberté dans la famille de Barberie, et je suis sûr que mademoiselle Alida ne l'approuverait pas. Pourtant, si M. le patron le désire, je... Mais voici M. Bevre qui paraît sans qu'on ait eu besoin de frapper à sa fenêtre; j'ai l'honneur de laisser monsieur avec l'Alderman.

Ainsi le valet complaisant, et en même temps réservé, sortit de ce dilemme qu'il avait trouvé tant soit peu difficile. L'air et les manières de l'Alderman, en s'approchant de son hôte, ressemblaient à son caractère cordial et brusque. Il paraissait un peu occupé de ses propres plaisirs et de ses sentiments. Il huma l'air trois fois avant d'être assez près pour parler, et chacune de ces bruyantes aspirations semblait être faite afin d'exciter l'admiration du patron, soit sur la force de ses poumons, soit sur la pureté de l'atmosphère autour d'une villa dont il était propriétaire.

— Zéphyrs et brises! voilà une demeure favorable à la santé, patron ! s'écria le bourgeois aussitôt que ces démonstrations de la solidité de sa poitrine eurent été suffisamment répétées. Avec un air comme celui-ci on pourrait presque entreprendre une conversation à travers l'Atlantique avec ses amis de Scheveling ou de Helder. Une large et bonne poitrine, un air qui vient de la mer, une conscience tranquille et du bonheur dans le commerce, rendent les poumons d'un homme aussi actifs et aussi légers que les ailes d'un oiseau. Voyons, que je t'examine : il y a bien dans toi quatre-vingts ans de vie; le dernier patron ferma le livre à soixante-six, et son père alla un peu au-delà de soixante et dix. Je m'étonne qu'il n'y ait jamais eu d'alliance entre ta famille et les van Courtlandts; ce sang est aussi bon qu'une assurance pour quatre-vingt-dix années d'existence.

— Je trouve que l'air de votre villa, monsieur van Beverout, est un cordial qu'on désirerait prendre souvent, répondit le patron qui avait beaucoup moins que le bourgeois les manières brusques d'un marchand. C'est dommage que tous ceux qui peuvent le respirer n'en saisissent pas l'occasion.

— Vous faites allusion à ces paresseux de marins dans ce vaisseau qui est là-bas? Les serviteurs de Sa Majesté ne se pressent en rien. Quant à ce brigantin qui est dans la Cove, il semble y être entré par magie. Je parierais que le coquin n'est pas là dans de bonnes intentions, et l'échiquier de la reine ne s'enrichira pas de sa visite. Viens ici, Brom, ajouta le bourgeois en s'adressant à un vieux noir qui travaillait à une faible distance de l'habitation, et qui possédait toute la confiance de son maître; as-tu vu quelques bateaux voguer entre ce brigantin qui ne signifie rien et la côte?

Le nègre secoua la tête comme ces petites figures qui représentent des mandarins, et se mit à rire avec bruit et de tout cœur.

— Moi nègre croire que le brigantin a fait tous ses tours avec les Yankies et qu'il ne vient ici que pour se reposer, dit-il.

Je voudrais bien voir sur nos côtes un contrebandier ; ça donner chance au pauvre noir de gagner honnêtement un sou.

— Vous voyez, patron, que la nature humaine se soulève contre tout monopole. C'est la voix de l'instinct qui s'est servi de la langue de Brom, et ce n'est pas une tâche facile pour un marchand que d'entretenir ses serviteurs dans la dépendance des lois, qui par elles-mêmes créent une si forte tentation de les violer. Enfin nous ferons pour le mieux, et nous tâcherons d'agir comme de fidèles sujets. Le bâtiment n'est pas mal quant à sa forme et à ses agrès, n'importe d'où il arrive. Penses-tu que le vent vienne de la mer ce matin?

— Il y a des signes de changement dans les nuages. On désirerait que tout le monde fût dehors pour goûter cette agréable brise de mer pendant qu'elle dure.

— Viens, viens, cria l'Alderman qui avait pendant un moment étudié l'état du ciel avec sollicitude et craignant d'attirer l'attention de son compagnon. Nous allons goûter notre déjeuner, c'est un lieu fait exprès pour montrer l'usage des dents!

Les nègres n'ont pas été oisifs pendant la nuit, monsieur van Staats... Hé... hem.., je dis qu'ils n'ont pas été oisifs, et nous aurons un choix des friandises de la rivière et de la baie. Ce nuage au dessus de l'embouchure du Rariton paraît se lever, et nous pouvons avoir une brise de l'ouest.

— Il arrive un bateau qui semble venir de la ville, observa le patron, obéissant avec répugnance à un geste de l'Arderman qui l'invitait à entrer dans un appartement où ils avaient l'habitude de déjeuner. Il me semble approcher avec une rapidité plus qu'ordinaire.

— Il y a des bras vigoureux aux avirons. C'est peut-être un message pour le croiseur. Non, il se dirige plus vers la côte. Ces habitants de Jersey sont souvent surpris par la nuit entre York et leurs maisons. Maintenant, patron, allons trouver nos couteaux et nos fourchettes comme des hommes qui ont pris les meilleurs stomachiques.

— Et déjeunerons-nous seuls? demanda le jeune homme, qui ne cessait de jeter de longs regards sur les fenêtres toujours fermées de la Cour-des-Fées.

— Ta mère t'a gâté, jeune Oloff; à moins que le café ne te soit servi par une jolie main, il perd de sa saveur. Je comprends ce que tu veux dire, et je n'en pense pas plus mal de toi, pour cette faiblesse naturelle à ton âge. Célibat et indépendance! un homme doit aller au-delà de quarante ans avant qu'il soit sûr d'être son propre maître. Venez ici, maître François. Il est temps que ma nièce secoue sa paresse, et montre son brillant visage au soleil. Nous attendrons ses services à table. On ne voit pas davantage la fainéante Dinah que sa maîtresse.

— Mademoiselle Dinah n'a jamais été trop active, répondit le valet; mais, monsieur l'Alderman, elles sont jeunes toutes les deux, et le sommeil est bien nécessaire à la jeunesse.

— Elle n'est plus au berceau, François, et il est temps de frapper à sa fenêtre. Quant à l'effrontée négresse, qui devrait être depuis longtemps à son devoir, nous aurons un compte à terminer ensemble. Venez, patron, l'appétit ne se règle pas sur les fantaisies d'une jeune fille obstinée. Mettons-nous à table... Penses-tu que le vent restera à l'ouest ce matin?

En parlant ainsi, l'Alderman montra le chemin d'un petit parloir où les attendait un repas servi avec une élégante simplicité. Il fut suivi lentement par Oloff van Staats, car le jeune homme éprouvait réellement le désir de voir les fenêtres du pavillon s'ouvrir, et le joli visage d'Alida sourire au milieu des autres beautés de la scène. François se prépara à prendre ses mesures pour éveiller sa maîtresse de manière à faire cadrer son devoir envers l'Alderman et ses propres idées sur la bienséance. Après quelque délai, le bourgeois et son hôte se mirent à table, le premier protestant hautement contre la nécessité d'attendre les paresseux, en jetant par la même occasion quelques principes moraux relatifs au mérite de la ponctualité dans l'économie domestique aussi bien que dans les affaires de commerce.

— Les anciens divisaient le temps, dit l'obstiné commentateur, en années, en mois, semaines, jours, heures, minutes et moments, comme ils divisaient les nombres en unités, dizaines, centaines, mille, dizaines de mille ; et ce n'était pas sans but. Par exemple, monsieur van Staats, si nous employons bien les moments, nous changeons les minutes en dizaines, les heures en centaines, et les semaines et les mois en mille; eh! eh! lorsque le commerce est florissant, en dizaines de mille! Ainsi donc, perdre une heure, c'est comme si on perdait un chiffre important dans un calcul compliqué; et le travail entier sera inutile pour avoir manqué de justesse dans une partie. Votre père, le défunt patron, était ce qu'on peut appeler un homme à la minute. On était aussi sûr de le voir à l'église dans son banc lorsque l'heure sonnait, que de le voir payer un billet après l'avoir prudemment examiné. Ah! c'était une bénédiction que de tenir un de ses billets, quoiqu'ils fussent beaucoup plus rares que ses pièces d'argent. J'ai entendu dire, patron, que le manoir est appuyé d'une bonne quantité de doublons et de ducats de Hollande.

— Le descendant n'a aucune raison de reprocher à ses ancêtres d'avoir manqué de prudence.

— Parfaitement répondu! pas un mot de

trop, ni de trop peu; principe à l'aide duquel tous les honnêtes gens terminent leurs comptes. Par une direction convenable, une telle fondation soutiendrait un domaine qui pourrait compter des milliers avec les meilleurs de Hollande et d'Angleterre. Accroissement et majorité! patron, nous autres des colonies nous pourrons en venir à avoir des domaines, comme nos cousins des Pays-Bas, ou nos faiseurs de lois parmi les forgerons d'Angleterre... Érasme, regarde le nuage au dessus du Rariton, et dis-moi s'il se lève.

Le nègre répondit que les vapeurs étaient stationnaires, et en même temps, par forme d'épisode, apprit à son maître que le bateau qu'on avait aperçu près de la côte venait d'atteindre le quai, et que plusieurs personnes montaient la hauteur pour se rendre au Lust-in-Rust.

— Qu'ils viennent au nom de l'hospitalité, dit le bourgeois d'un air cordial. Je parie que ce sont d'honnêtes fermiers de l'intérieur, fatigués du travail de la nuit. Va dire au cuisinier de leur donner ce qu'il aura de meilleur, et souhaite-leur la bienvenue. Ah! écoute ici, mon garçon... S'il y a parmi eux un paysan un peu plus propre, prie cet homme de venir s'asseoir à notre table. Ce n'est point ici un pays, patron, à faire attention à la qualité du drap qu'un homme porte sur son dos, ou s'il fait usage d'une perruque ou bien de ses propres cheveux. Qu'est-ce que cet imbécile regarde ?

Erasme frotta ses yeux et montra une double rangée de dents qui brillaient comme des perles, et fit entendre à son maître que le nègre que nous avons introduit au lecteur sous le nom d'Euclide, et qui était son frère du côté de sa mère, entrait dans la villa. Cette nouvelle interrompit le procédé de mastication que l'Alderman mettait en usage; mais le bourgeois n'eut pas le temps d'exprimer sa surprise avant que deux portes ne s'ouvrissent simultanément; François se présenta à l'une, et l'on vit à l'autre la face noire, brillante et sournoise de l'esclave. Les yeux de Myndert s'arrêtèrent alternativement sur l'un et sur l'autre : un certain embarras l'empêcha de leur parler, car il voyait sur les traits bouleversés de ces deux visages des présages qui lui disaient de se préparer à de mauvaises nouvelles. Le lecteur jugera, par la description que nous allons donner, qu'il y avait des raisons suffisantes pour alarmer le prudent bourgeois.

Le visage du valet, de tout temps long et maigre, semblait étendu au-delà de ses dimensions ordinaires; sa mâchoire inférieure était pendante, et ses yeux bleu-clair à fleur de tête étaient ouverts de toute leur grandeur; ils peignaient un certain égarement d'autant plus frappant, qu'il était mêlé à la plus pénible expression de souffrance mentale; ses deux mains élevées montraient entièrement leurs paumes, tandis que les épaules du pauvre garçon s'étaient rapprochées assez près de sa tête pour détruire complétement le peu de symétrie que la nature avait répandue sur cette partie du corps.

D'un autre côté, le visage du nègre avait une expression coupable, chagrine et rusée, et son regard oblique semblait vouloir jouer autour de la personne de son maître comme on verra que son langage essayait de jouer autour de son intelligence; il pressait le fond d'un bonnet de laine entre ses doigts, et un de ses pieds décrivait des demi-cercles avec l'orteil, grâces aux évolutions nerveuses du talon.

— Eh bien! dit enfin Myndert en les regardant tour à tour, quelles nouvelles du Canada? la reine est-elle morte, ou a-t-elle rendu la colonie aux Provinces-Unies?

— Mademoiselle Alida! s'écria François avec un gémissement.

— Le pauvre animal! murmura Euclide.

Les couteaux et les fourchettes s'échappèrent des mains de Myndert et de son compagnon, comme s'ils eussent été frappés d'une paralysie simultanée. Le dernier se leva involontairement, tandis que le premier fixa sa corpulente personne plus solidement sur son siége, comme quelqu'un qui se prépare à soutenir un rude choc avec tout le courage physique qu'il peut rassembler.

— Que dis-tu de ma nièce?... Que dis-tu de mes chevaux?... Tu as appelé Dinah?

— Sans doute, monsieur.

— Tu as conservé les clefs de l'écurie?

— Moi toujours les tenir.

— Et vous lui avez dit d'avertir sa maîtresse?

— Elle ne m'a fait aucune réponse.

— Tu leur as donné à boire et à manger comme je te l'avais ordonné?

— Lui n'avoir pas voulu manger du tout.

— Êtes-vous entrés dans la chambre de ma nièce pour l'éveiller?

— Oui, monsieur.

— Que diable est-il arrivé à la pauvre bête?

— Lui perdre l'appétit, et moi croire que c'est depuis longtemps, car lui point être revenu.

— Monsieur François, je désire savoir la réponse de la fille de M. de Barberie.

— Mademoiselle ne m'a pas répondu une syllabe.

— Abreuvoirs et flammes! il aurait fallu lui donner à boire et le saigner.

— Être trop tard pour ça, masser.

— Cette fille obstinée, cela vient de son sang huguenot; c'est une race qui quitterait maison, patrie, plutôt que d'abandonner sa croyance.

— La famille de Barberie, monsieur, est remplie d'honneur, mais le grand monarque fut trop exigeant. Les dragonnades réussissaient mal à faire des catholiques.

— Apoplexies et furies! vous auriez dû, chien de noir, envoyer chercher le maréchal pour soigner cette pauvre bête.

— Moi aller chercher le boucher, masser, pour sauver la peau, car lui mourir trop tôt pour être saigné.

Le mot de mort produisit un silence subit. Le dialogue précédent avait été si rapide, et les questions et les réponses, non moins que les idées du principal personnage, avaient été si confuses, que pendant un instant il ne put se rendre compte si c'était la belle Barberie ou le hongre flamand qui venait de payer sa grande dette à la nature. Jusque-là la consternation aussi bien que la confusion de cette entrevue avaient contraint le patron à garder le silence; mais il profita de cette pause pour prendre la parole.

— Il est évident, monsieur van Beverout, dit-il d'une voix altérée par sa propre émotion, qu'il est arrivé quelque malheureux événement. Je ferais peut-être mieux de me retirer ainsi que le nègre, afin que vous puissiez questionner François plus à votre aise sur ce qui est arrivé à mademoiselle de Barberie.

L'Alderman fut tiré de sa profonde stupeur par cette proposition polie et raisonnable. Il fit signe qu'il y consentait, et permit à M. van Staats de quitter l'appartement : mais lorsque Euclide voulait suivre le jeune homme, son maître lui ordonna de rester.

— J'ai encore des questions à te faire, dit-il d'une voix qui avait perdu une partie du calme et de la force par lesquels elle était si remarquable ; reste ici, coquin, et sois prêt à me répondre lorsque je t'interrogerai. Maintenant, monsieur François, je désire savoir pourquoi ma nièce refuse de venir prendre son déjeuner avec moi et mon hôte.

— Mon Dieu ! monsieur, il m'est impossible de vous répondre ; les sentiments des jeunes demoiselles ne sont jamais très-décidés.

— Eh bien ! allez l'avertir que je suis décidé, moi, à changer certains legs dans lesquels j'ai plutôt consulté ses intérêts qu e ceque la justice envers les autres personnes de mon sang et même de mon nom pouvait me dicter.

— Monsieur aura la bonté de réfléchir à la jeunesse de ma maîtresse.

— Vieille ou jeune, ma résolution est prise. Rendez-vous à votre Cour-des-Fées, et dites-en autant à l'autre effrontée de paresseuse.... Tu as monté sur la pauvre bête, qui sera morte de fatigue, toi, suppôt du diable!

— Monsieur, je vous conjure, réfléchissez-y ; mademoiselle peut revenir, et je vous réponds qu'elle ne se sauvera plus.

— Que voulez-vous dire? s'écria l'Alderman, dont la mâchoire inférieure s'écarta de sa compagne presque au même degré que celle du valet, et qui lui donnait une si étrange expression de désespoir. Où est ma nièce? Que signifient vos discours?

— La fille de M. de Barberie n'est pas chez elle! s'écria François, dont le cœur était trop plein pour qu'il pût en dire davantage. Le vieux et fidèle domestique posa la main sur sa poitrine, comme s'il eût éprouvé une souffrance aiguë, et, se rappelant qu'il était en présence d'un homme auquel il devait du respect, il salua profondément, et réunissant tous ses efforts pour maîtriser sa propre émotion, il réussit à sortir de la chambre avec calme et dignité.

On doit à l'alderman van Beverout la justice de dire que le coup qui lui avait été porté par la mort subite du hongre flamand perdit beaucoup de sa force lorsqu'il apprit la nouvelle de l'absence inexplicable de sa nièce. Euclide fut questionné, menacé, et même anathématisé plus d'une fois, pendant les dix minutes qui suivirent; mais l'esclave rusé parvint à se confondre si adroitement avec ses frères utérins, pendant la recherche qui eut lieu aussitôt que la nouvelle de François fut connue, qu'il parvint à faire en partie oublier son crime.

La Cour-des-Fées avait en effet perdu celle dont la grâce et la beauté lui prêtaient ses principaux charmes. Les chambres extérieures qui étaient occupées pendant le jour par François et la négresse appelée Dinah, et la nuit par cette dernière seulement, étaient dans l'état où on devait naturellement les trouver. La chambre de la suivante fournissait des preuves évidentes que Dinah l'avait quittée à la hâte, quoique, suivant toute apparence, elle se fût couchée à son heure ordinaire. Des habits étaient répandus négligemment çà et là, et, quoique la plupart de ses effets eussent disparu, il en restait assez pour prouver que son départ avait été précipité et imprévu.

D'un autre côté, le petit salon, le cabinet de toilette et la chambre à coucher de la belle Barberie présentaient le plus symétrique arrangement ; pas un meuble n'était déplacé, pas une porte ou une croisée entr'ouverte. Le pavillon avait été évidemment abandonné par le passage ordinaire, et la porte en avait été fermée de la manière habituelle, sans faire usage des verrous. Le lit, suivant toute apparence, n'avait pas été défait. Enfin, l'ordre dans ce lieu était si parfait que, cédant à un sentiment puissant et naturel, l'Alderman appela tout haut sa nièce par son nom, comme s'il eût espéré la voir sortir d'une cachette où elle se fût réfugiée dans un accès de plaisanterie hors de saison. Mais ses paroles furent en vain prodiguées; la voix de l'Alderman résonna bruyamment dans ces chambres désertes, et quoique chacun écoutât avec anxiété, il ne parvint aucune réponse gaie ou consolante.

— Alida! cria le bourgeois pour la quatrième et dernière fois, viens, mon enfant, et j'oublierai cette cruelle plaisanterie ainsi que tout ce que j'ai dit au sujet de mon héritage. Viens, enfant de ma sœur, embrasser ton vieux oncle.

Le patron se détourna en entendant un homme bien connu par son attachement pour le monde céder au pouvoir de la nature, et le seigneur des cent mille acres de terre oublia son propre chagrin en voyant celui de son ami.

— Retirons-nous, dit-il en pressant doucement le bourgeois de quitter la place; un peu de réflexion nous instruira de ce qu'il faut faire.

L'Alderman céda; néanmoins, avant de quitter l'appartement de sa nièce, il visita les cabinets et les tiroirs ; cette recherche leva tous doutes sur la démarche qu'avait prise la jeune héritière. Ses vêtements, ses livres, les ustensiles consacrés à la peinture, et même les plus légers instruments de musique, avaient disparu.

CHAPITRE XIII.

Hé ! c'est ainsi que tournent les dés. Maintenant je m'aperçois qu'elle a fait une comparaison entre nos deux statures.

SHAKSPEARE, *le Songe d'une nuit d'été.*

Le cours de l'existence fuit sans s'arrêter, et, avec ses flots, disparaissent tous les liens d'affection, de famille et de parenté. Nous apprenons à connaître nos parents lorsqu'ils possèdent toute la plénitude de leur raison et toute la perfection de leur force corporelle. La reconnaissance et le respect se mêlent à notre amour ; mais l'affection avec laquelle nous surveillons l'enfance, l'intérêt avec lequel nous suivons les progrès de la jeune plante confiée à nos soins, la fierté que nous éprouvons de ses succès, l'espoir que nous inspire son avenir, créent en nous à son égard une sympathie qui s'identifie à notre amour pour nous-mêmes. Il y a une mystérieuse et double existence dans les liens qui unissent les parents à leurs enfants. En violant les devoirs qui lui ont été tracés, l'enfant peut enfoncer dans le sein de son père un trait qui le blesse aussi profondément que si les fautes avaient été commises par lui-même. Mais lorsque cette mauvaise conduite prend sa source dans une éducation vicieuse et négligée, alors les remords d'une conscience timorée ajoutent aux autres douleurs. Sous certains rapports, telle était la nature du chagrin que l'Alderman van Beverout fut condamné à ressentir, lorsqu'il réfléchit à loisir sur la démarche inconsidérée que venait d'entreprendre la belle Barberie.

— C'était une charmante enjôleuse, patron, dit le bourgeois en se promenant dans l'appartement d'un pas rapide et lourd, et parlant, sans le savoir, de sa nièce comme d'une personne qui est déjà au-delà des intérêts de la vie, et aussi obstinée, aussi volontaire qu'un jeune cheval qui n'est point encore dressé... Toi, mauvais cavalier d'enfer! je ne pourrai jamais appareiller la pauvre bête inconsolable qui lui survit.. Mais la jeune fille avait mille petites manières séduisantes qui faisaient les délices de mes vieux jours. Elle n'a pas agi sagement en abandonnant l'ami, le tuteur de sa jeunesse, même de son enfance, pour aller chercher protection chez des étrangers. Nous sommes dans un misérable monde, monsieur van Staats! Nos calculs se réduisent à rien, et la fortune a le pouvoir de renverser nos projets les plus sages et les plus raisonnables. Un coup de vent précipite le vaisseau le plus richement frété au fond de la mer; une baisse subite dans les marchés nous enlève notre or, comme le vent de novembre dépouille le chêne de ses feuilles; et les banqueroutes et un crédit qui se perd affaiblissent les plus vieilles maisons, comme les maladies affaiblissent les forces du corps... Alida! Alida! tu as blessé un cœur qui ne te voulait que du bien, et tu rends ma vieillesse misérable!

— Il est inutile de vouloir combattre les inclinations, dit le propriétaire du manoir, soupirant de manière à prouver la sincérité de sa remarque. J'aurais été assez heureux de placer votre nièce dans la position sociale que ma respectable mère occupait avec tant de dignité, mais il est trop tard...

— Nous ne savons pas, nous ne savons pas! interrompit l'Alderman, qui s'attachait encore à l'espoir de voir réaliser le premier et le plus grand désir de son cœur, avec la vivacité qu'il aurait mise à terminer une affaire avantageuse. Il ne faut jamais désespérer, monsieur van Staats, tant qu'un marché n'est pas conclu.

— La manière dont mademoiselle de Barberie a montré sa préférence est si positive, que je ne vois aucune espérance de pouvoir traiter cette affaire.

— Pure coquetterie, monsieur, pure coquetterie. La jeune fille a disparu pour donner plus de prix à sa soumission future. On ne devrait jamais regarder un traité comme nul, tant qu'on a l'espérance raisonnable de le rendre avantageux aux deux parties.

— Je crains, monsieur, que la Coquette n'ait en effet agi dans cette affaire plus que je ne pourrais le supporter, répondit le patron un peu sèchement, et avec une expression qu'il n'avait pas l'habitude de mettre dans ses discours. Si le commandant du croiseur de Sa Majesté n'est pas heureux, il n'aura pas du moins l'occasion de reprocher à sa maîtresse de l'avoir dédaigné.

— Je ne suis pas certain, monsieur van Staats, si, dans la situation actuelle de nos stipulations, je devrais faire attention à une démarche qui paraît accuser la réputation de ma pupille. Le capitaine Ludlow... Eh bien, coquin, que signifie cette impertinence?

— Lui attendre pour voir maître, répondit Erasme étonné et qui restait à la porte, admirant l'intelligence secrète de son maître, qui avait deviné si rapidement la nouvelle qu'il venait lui annoncer.

— Qui attend? Qu'est-ce que veut dire cet imbécile?

— Moi vouloir dire le monsieur Masser.

— L'heureux commandant est ici pour nous rappeler ses succès, observa van Staats de Kinderhook avec hauteur. Ma présence n'est nullement nécessaire dans une entrevue entre l'Alderman van Beverout et son neveu.

Le patron, mortifié avec raison, fit un

salut cérémonieux au bourgeois non moins désappointé que lui, et quitta l'appartement aussitôt qu'il eut cessé de parler. Le nègre regarda cette retraite comme un augure favorable pour celui que chacun savait être son rival, et il se hâta d'aller informer le jeune capitaine que la côte était libre.

L'entrevue qui succéda eut quelque chose de contraint et de gauche. L'Alderman van Beverout prit un air d'autorité offensée, d'affection blessée, tandis que l'officier de la reine paraissait se soumettre à un devoir qui n'avait rien d'agréable. Les phrases préliminaires furent en conséquence cérémonieuses, et on observa de part et d'autre toutes les formes de politesse en usage.

— Il est de mon devoir, continua Ludlow lorsque ces phrases préparatoires furent débitées, d'exprimer la surprise que je ressens en voyant un vaisseau d'une apparence aussi équivoque que ce brigantin qui est à l'ancre dans la Cove, dans un lieu qui pourrait élever des soupçons désagréables sur les relations commerciales d'un négociant aussi connu que M. l'Alderman van Beverout.

— Le crédit de Myndert van Beverout est trop bien établi, capitaine Cornélius Ludlow, pour souffrir de la position accidentelle des vaisseaux et des baies. Je vois deux bâtiments à l'ancre près de Lust-in-Rust, et si j'étais appelé en témoignage devant le conseil de la reine, je dirais que celui qui porte son royal pavillon a fait plus de tort à ses sujets que l'étranger. De quoi accuse-t-on ce dernier ?

— Je ne cacherai aucun des faits, car je sens que c'est un cas où un homme de votre condition peut faire valoir avec raison tous les droits qu'il a de s'expliquer....

— Hem ! interrompit le bourgeois qui n'aimait pas la manière dont son compagnon avait ouvert l'entretien, et qui voyait le commencement d'un compromis forcé, dans le tour que la conversation allait prendre. Hem ! j'admire votre modération, capitaine Ludlow. Nous sommes flattés, monsieur, d'avoir un homme né dans la province appelé à un commandement aussi honorable sur la côte. Asseyez-vous, je vous prie, que nous puissions causer plus à loisir. Les Ludlows sont une ancienne famille honorablement établie dans les colonies ; et, quoiqu'ils ne fussent pas amis du roi Charles.... nous en avons d'autres ici qui sont dans le même cas. Il y a peu de têtes couronnées en Europe qui ne pourraient pas découvrir quelques-uns de leurs sujets dans ces colonies, et c'est une des raisons pour lesquelles nous ne devrions pas trop nous presser, en accordant notre confiance à la sagesse des lois européennes. Je ne prétends pas, monsieur, admirer tous les règlements commerciaux que nous envoient les conseillers de Sa Majesté. Ma sincérité m'empêche de déguiser cette vérité. Que vouliez-vous dire du brigantin qui est dans la Cove?

— Il n'est pas nécessaire d'apprendre à une personne si familière aux affaires de commerce le caractère d'un vaisseau appelé la Sorcière des Eaux, ni celui de son commandant illégal le fameux Écumeur de Mer.

— Le capitaine Ludlow ne prétend point accuser l'Âlderman van Beverout de relations avec un tel homme ! s'écria le bourgeois en quittant son siége comme si le mouvement eût été involontaire, et en reculant d'un ou deux pas, obéissant, suivant toute apparence, à la force de l'indignation et de la surprise.

— Monsieur, je n'ai point reçu la charge d'accuser aucun des sujets de la reine. Mon devoir est de veiller à ses intérêts en mer, de m'opposer à ses ennemis déclarés, et de soutenir ses prérogatives royales.

— C'est une occupation recommandable, monsieur, et je ne doute pas qu'elle ne soit remplie avec honneur. Reprenez votre siége, monsieur, car je prévois que cette conférence se terminera comme il convient entre le fils du défunt et respectable conseiller du roi et l'ami de son père. Vous avez donc des raisons de soupçonner que ce brigantin qui a paru si subitement dans le Cove a quelques relations éloignées avec l'Écumeur de Mer ?

— J'ai lieu de croire que le vaisseau est la fameuse Sorcière des Eaux elle-même, et que son commandant n'est autre que cet aventurier si bien connu.

— Bien, monsieur, bien, cela peut

être ; il m'est impossible de le nier... Mais qu'est-ce que fait ce réprouvé à la portée des canons du croiseur de la couronne ?

— Monsieur l'Alderman, mon admiration pour votre nièce vous est connue.

— Je l'ai soupçonnée, monsieur, reprit le bourgeois qui pensait que la nature du compromis allait s'éclaircir, mais qui attendait toujours afin de connaître la valeur exacte des concessions que la partie adverse voulait faire, avant de terminer un marché avec une précipitation dont il se repentirait peut-être dans la suite. Cela fut en effet le sujet de quelques conversations entre ma nièce et moi.

— Cette admiration me porta à visiter votre ville la nuit dernière...

— Ce fait est trop réel, mon jeune monsieur.

— D'où j'emmenai... Ludlow hésita, comme s'il devait choisir ses paroles....

— Alida de Barberie.

— Alida de Barberie !

— Oui, monsieur, ma nièce ; ou peut-être je devrais dire mon héritière et celle du vieux Étienne de Barberie. Votre croisière fut courte, capitaine Ludlow ; mais la prise est considérable... à moins cependant qu'un droit à des privilèges neutres ne soit établi en faveur d'une partie de la cargaison !

— Votre plaisanterie est fort bonne, monsieur ; mais je ne suis point en humeur de m'en amuser. Je conviens que j'ai visité la Cour des-Fées, et j'espère que, dans les circonstances présentes, la belle Barberie ne sera point offensée que je le reconnaisse.

— Si elle s'offense, l'étourdie sera d'une rare délicatesse, après ce qui s'est passé.

— Je ne prétends point juger ce qui est au-delà de mes attributions. Le désir de servir ma royale maîtresse, monsieur van Beverout, m'a porté à engager un marin d'une tournure originale et d'une audace étonnante à entrer sur la Coquette. Vous vous rappellerez cet homme, lorsque je vous dirai qu'il était votre compagnon dans le bac de l'île.

— Oui, oui, j'avoue qu'il y avait un marin des longs cours qui me causa un peu de crainte, ainsi qu'à ma nièce et à van Staats de Kinderhook.

Ludlow sourit comme quelqu'un qui ne peut être trompé et continua :

— Eh bien! monsieur, cet homme, sous prétexte d'une promesse à moitié extorquée, me pria de le laisser venir à terre... Nous vînmes sur la rivière ensemble, et nous entrâmes sur vos terres dans la compagnie l'un de l'autre.

L'Aldermann van Beverout commença à écouter, comme un homme qui craint et qui désire recueillir chaque syllabe. Observant que Ludlow s'arrêtait pour l'examiner plus attentivement, il reprit son empire sur lui-même et affecta une simple curiosité, en faisant signe au jeune commandant de continuer.

— Je ne suis pas sûr d'apprendre à l'Alderman van Beverout quelque chose de nouveau, dit le jeune officier, en ajoutant que ce marin me laissa entrer dans le pavillon ; puis qu'aidé d'hommes sans aveu, il me fit tomber dans une embûche, ayant fait d'abord prisonnier tout l'équipage de ma chaloupe.

— Saisies et garanties ! s'écria le bourgeois dans sa manière de parler expressive et prompte, voilà le premier mot que j'entends dire de cette affaire. Ce fut un tort, pour ne pas me servir d'autres termes.

Ludlow parut soulagé lorsqu'il vit, par l'étonnement si naturel de son compagnon, qu'il ignorait en effet la manière dont il avait été détenu.

— Cela n'aurait pas été, monsieur, si notre surveillance avait été aussi vigilante que leurs artifices étaient profonds, ajouta Ludlow ; et n'ayant aucun moyen d'atteindre mon vaisseau, je.....

— Eh ! eh ! capitaine Ludlow, il n'est pas nécessaire d'entrer dans tous ces détails ; vous fûtes au magasin sur le quai, et...

— Peut-être, monsieur, j'obéis à mes sentiments plutôt qu'à mon devoir, observa Ludlow en rougissant, quand il vit que le bourgeois faisait une pause. Je retournai au pavillon, où...

— Où vous persuadâtes à une nièce d'oublier son devoir envers son oncle, son protecteur.

— Voici une accusation bien cruelle et bien injuste, tant à l'égard de la jeune dame que de moi-même. Je sais distinguer la différence qui existe entre un désir fort naturel de posséder des articles de toilette qui sont défendus par les lois, et un commerce plus positif, onéreux au revenu du pays. Je crois qu'il existe peu de personnes de son âge et de son sexe qui refusassent d'acheter les objets qui ont été présentés à la belle Barberie, surtout lorsqu'il ne pouvait en résulter que leur perte, puisqu'ils étaient dejà introduits dans le pays.

— C'est une distinction fort juste et qui pourra rendre l'arrangement de nos petites affaires moins difficile. J'étais sûr que mon ancien ami le légiste n'aurait pas laissé son fils ignorer des principes si nécessaires, surtout lorsque ce dernier était au moment de s'embarquer dans une profession d'une aussi grande responsabilité... Ainsi, ma nièce eut l'imprudence de recevoir chez elle un contrebandier ?

— Monsieur l'Alderman van Beverout, il y a eu ce matin des bateaux en mouvement entre le quai d'embarcation et le brigantin qui est dans la Cove. Une periagua même a quitté la rivière pour se rendre à la ville à l'heure indue de minuit.

—Des bateaux peuvent voguer sur l'eau, lorsque la main des hommes les met en mouvement, sans que j'aie rien à démêler avec leur voyage. Si des marchandises sont entrées dans les provinces sans licences, il faut tâcher de les retrouver et de les confisquer; si des contrebandiers sont sur la côte, il faut les prendre. Ne serait-il pas bien de se rendre à la ville sans délai, et d'annoncer la présence de cet étrange brigantin au gouverneur?

— J'ai d'autres intentions. Si, comme vous le dites, des marchandises ont traversé la baie, il est trop tard pour que je puisse les arrêter; mais il n'est pas trop tard pour essayer de saisir ce brigantin. Je voudrais remplir ce devoir, autant que possible, sans faire aucun tort à des noms recommandables.

— J'admire votre prudence, monsieur, quoiqu'il n'y ait aucun témoignage à exiger que celui de l'équipage; mais le crédit est une fleur si délicate, qu'il ne faut y toucher qu'avec la plus grande attention. Je vois une ouverture pour un arrangement... Mais, comme le devoir nous l'ordonne, nous écouterons d'abord vos propositions, puisqu'on peut dire que vous parlez par l'autorité de la reine. Je demanderai seulement que les termes soient modérés entre amis.... je devrais peut-être dire entre parents, capitaine Ludlow.

— Je suis flatté de ce mot, monsieur, répondit le jeune marin souriant avec une expression de plaisir. Permettez-moi d'abord d'être admis dans la charmante Cour-des-Fées pendant un seul moment.

— C'est une faveur qu'on pourrait difficilement refuser à celui qui a maintenant le droit d'entrer dans le pavillon suivant son bon plaisir, répondit l'Alderman en montrant le chemin à travers le long passage à l'appartement désert de sa nièce, et continuant de faire allusion aux affaires de la nuit précédente, de la même manière indirecte qu'il avait employée pendant toute la conversation. Je ne serai pas déraisonnable, jeune homme; voilà le pavilion de ma nièce ; je voudrais pouvoir dire, voilà ma nièce elle-même.

— Et la belle Barberie n'habite-t-elle plus la Cour-des-Fées ? demanda Ludlow avec une surprise trop naturelle pour être feinte.

L'Alderman van Beverout à son tour regarda le jeune homme avec étonnement, réfléchit un instant jusqu'à quel point une ignorance prétendue de l'absence d'Alida pouvait être avantageuse au jeune officier dans la négociation qui allait avoir lieu. Puis il observa sèchement qu'on avait vu des bateaux sur la baie pendant la nuit : Si les gens du capitaine Ludlow furent d'abord faits prisonniers, ajouta-t-il, je présume qu'ils furent mis à temps en liberté.

— Je sais où on les a emmenés ; le bateau a disparu, et je suis ici.

— Dois-je en conclure, capitaine Ludlow, qu'Alida de Barberie ne s'est pas enfuie de ma maison la nuit dernière pour chercher un refuge sur votre vaisseau ?

— Enfuie ! s'écria le jeune homme avec horreur. Alida de Barberie a-t-elle quitté la maison de son oncle ?

— Capitaine Ludlow, nous ne jouons pas la comédie. Sur l'honneur d'un gentilhomme, ignoriez-vous l'absence de ma nièce?

Le jeune commandant ne répondit pas; mais, frappant son front avec violence, il prononça quelques mots inintelligibles.

Lorsque ce premier moment de désespoir fut passé, il se jeta sur une chaise et regarda autour de lui dans un étonnement stupide. Toute cette pantomime était inexplicable pour l'Alderman, qui néanmoins commençait à voir que la plupart des conditions de l'arrangement qui se préparait étaient moins au pouvoir de son compagnon qu'il ne l'avait cru d'abord. Cependant, au lieu de s'éclaircir, l'affaire devenait de plus en plus obscure, et le bourgeois n'osait parler, de crainte de commettre quelque imprudence. Le silence continua pendant une minute, et les deux interlocuteurs se regardaient dans un triste étonnement.

— Je ne nierai pas, capitaine Ludlow, la croyance où j'étais que vous aviez persuadé à ma nièce de se réfugier à bord de la Coquette ; car, quoique j'aie toujours eu du pouvoir sur mes sentiments comme la meilleure manière de diriger ses intérêts particuliers, je sais que la jeunesse imprévoyante se rend souvent coupable de folie. Maintenant je suis aussi embarrassé que vous de savoir ce qu'elle est devenue, puisqu'elle n'est point ici.

— Attendez! interrompit vivement Ludlow. Un bateau qui vous appartenait partit ce matin pour la ville dans les premières heures du jour. N'est-il pas possible qu'elle s'y soit embarquée?

—Non, non, cela n'est pas possible ; j'ai des raisons pour savoir.... Enfin, monsieur, elle n'est pas là non plus.

— Alors cette infortunée.... cette charmante.... cette imprudente jeune fille, est-elle à jamais perdue pour elle et pour nous? s'écria le jeune marin dans un accès de désespoir. Homme mercenaire et imprudent! à quel acte de folie cette soif de l'or a-t-elle conduit une créature si belle... que ne puis-je ajouter, si pure, et si innocente!

Mais tandis que l'amant, dans la violence de son désespoir, mesurait peu ses termes de reproche, l'oncle de la belle Alida paraissait accablé de surprise. Quoique la belle Barberie eût conservé la réserve de son sexe, au point de laisser ses amants eux-mêmes dans le doute sur ses inclinations, le pénétrant Alderman soupçonnait depuis longtemps que le commandant de la Coquette, franc, impétueux dans son amour, devait nécessairement l'emporter sur un homme d'un extérieur si froid et si prudent que le patron de Kinderhook. Au moment où on n'eut plus de doute sur la disparition d'Alida, il pensa naturellement qu'elle avait pris le parti le plus simple de déjouer ses plans en faveur de son ami, en se jetant étourdiment dans les bras du jeune marin. Les lois de la colonie offraient peu d'obstacles à la légalité de leur union, et lorsque Ludlow parut au Lust-in-Rust, l'Alderman crut qu'il se trouvait en présence d'un homme qui allait devenir son neveu, s'il ne l'était pas déjà. Mais le désespoir du jeune amant ne pouvait être feint, et, n'osant plus s'en tenir à sa première opinion, l'Alderman ne pouvait plus présumer ce qu'était devenue sa nièce ; plutôt surpris que désolé, il posa son ample menton sur le pouce et l'index d'une de ses mains, avec l'air d'un homme qui essaie de résoudre tous les points plausibles de quelque question épineuse.

— Trous et recoins ! murmura-t-il après un long silence, l'entêtée ne peut pas jouer à cache-cache avec ses amis. Elle tient trop de la famille de Barberie, et elle a trop de sang normand dans les veines, ainsi que son vieux valet, pour s'abaisser à de semblables plaisanteries. Elle est certainement partie, ajouta-t-il en cherchant dans tous les tiroirs vides et les armoires... et avec elle tout ce qu'elle avait de précieux. La guitare n'est plus là.... Le luth que j'ai fait acheter au-delà de l'Océan, un excellent luth de Hollande, qui a coûté tous les sous qui se trouvent dans cent florins, n'y est pas non plus ; et tous les... hein.... toutes ses acquisitions récentes ont disparu ; et les bijoux de ma sœur que je lui avais persuadé d'apporter ici de crainte d'accident, tandis que nous aurions le dos tourné, on ne les voit plus. François! François! toi qui fus le fidèle serviteur d'Etienne de Barberie, que diable ta maîtresse est-elle devenue?

— Hélas! monsieur, répondit le vieux domestique, dont le maintien respectueux trahissait des signes non équivoques de douleur, elle n'a rien dit au pauvre François, et si monsieur trouvait bon d'interroger M. le capitaine, il le saurait probablement.

Le bourgeois jeta un regard rapide et soupçonneux sur Ludlow, et secoua la tête pour exprimer qu'il croyait que le jeune homme lui avait dit la vérité.

— Allez, et priez M. van Staats de Kinderhook de me faire le plaisir de venir nous rejoindre.

— Attendez, s'écria Ludlow en faisant signe au valet de se retirer. Monsieur Beverout, un oncle devrait pardonner les erreurs d'une personne qui lui est aussi chère que cette jeune fille cruelle et irréfléchie. Vous ne pouvez pas penser à l'abandonner à un sort effrayant.

—Je ne suis point habitué à abandonner la moindre chose, monsieur, quand j'y ai un titre juste et légal. Mais vous parlez en énigmes. Si vous connaissez le lieu où ma nièce s'est réfugiée, avouez-le franchement, et permettez-moi de prendre les mesures que les circonstances exigent.

La rougeur monta jusqu'au front de Ludlow, et faisant un effort sur sa fierté et ses regrets : —Il est inutile de chercher à cacher la démarche qu'Alida de Barberie s'est permise, dit-il avec un sourire amer qui donnait à ses traits l'expression d'une sévère ironie ; elle a fait un choix plus digne que vous et moi n'aurions pu le supposer ! elle a trouvé un compagnon plus convenable à son rang, à sa réputation, à son sexe, que van Staats de Kinderhook, ou un pauvre commandant d'un vaisseau de la reine !

—Croiseurs et manoirs ! au nom de tous les mystères, qu'est-ce que cela signifie? La jeune fille n'est pas ici, vous déclarez qu'elle n'est pas à bord de la Coquette ; je ne vois plus que...

—Le brigantin, dit le capitaine en gémissant et prononçant ce mot en faisant un violent effort.

— Le brigantin ? répéta lentement l'Alderman; ma nièce n'a rien à faire à bord d'un vaisseau contrebandier. C'est-à-dire qu'Alida de Barberie n'est point dans le commerce.

— Alderman van Beverout, si nous désirons échapper à la souillure du vice, il faut éviter sa présence. Il y avait la nuit dernière dans le pavillon un être dont les manières et les discours auraient pu séduire un ange; ah! femmes, femmes! votre esprit n'est que vanité, et votre imagination est votre plus dangereux ennemi!

— Femmes et vanités! répéta le bourgeois stupéfait. Ma nièce, l'héritière du vieux Étienne Barberie, le rejeton de tant de noms honorables, de professions respectacles, s'enfuir avec un corsaire!... en supposant toujours que votre opinion sur le caractère du brigantin est juste. C'est une supposition trop improbable pour être vraie.

—L'œil d'un amant, monsieur, peut être plus perçant encore que celui d'un tuteur..

Accusez-moi de jalousie si vous le voulez. Plût au ciel que mes soupçons fussent injustes! mais si elle n'est pas là, où est-elle?

L'opinion de l'Alderman sembla chanceler; si la belle Barberie n'avait pas cédé à l'attrait de ce sourire et de ce regard séduisant, à cette singulière beauté, et au charme secret et souvent irrésistible de l'esprit et des avantages personnels lorsque l'existence de ceux qui les possèdent est enveloppée de mystères, à qui avait-elle cédé, où s'était-elle réfugiée?

Ces réflexions commençaient à embarrasser l'Alderman, comme elles avaient déjà déposé leur amertume dans le cœur de Ludlow. Avec la réflexion, la conviction pénétra peu à peu dans son âme. Mais la vérité ne brilla pas dans l'esprit du marchand calculateur et prudent avec la même promptitude que dans l'esprit jaloux de l'amant. Il pesa chaque circonstance de l'entrevue entre sa nièce et le contrebandier, se rappela les manières et la conversation du dernier, réfléchit au pouvoir que la nouveauté, lorsqu'elle était jointe à des circonstances romanesques, pouvait exercer sur l'imagination d'une femme, et s'arrêta longuement et secrètement sur quelques faits importants qui n'étaient connus que de lui, avant qu'il n'adoptât définitivement la même opinion que le commandant, et qu'il ne partageât ses alarmes.

— Femmes et folies! murmura le bourgeois lorsque ses méditations furent terminées. Leurs opinions sont aussi incertaines que les profits d'une pêche à la baleine, ou le bonheur d'un chasseur. Capitaine Ludlow, votre assistance sera nécessaire dans cette affaire, et il n'est peut-être pas trop tard, car il n'y a pas beaucoup de prêtres dans ce brigantin... toujours supposant que votre opinion sur ce bâtiment soit fondée.... Ma nièce peut encore revenir de son erreur, et être disposée à reconnaître tant d'assiduité et d'attachement.

—Je serai toujours prêt à rendre tous les services qui peuvent être utiles à Alida de Barberie, répondit le jeune homme vivement et cependant avec un peu de froideur. Mais il sera temps de parler de récompense lorsque nos démarches auront réussi.

— Le moins de bruit que nous pourrons faire relativement à cette petite affaire de famille vaudra le mieux, et je crois que nous ferions bien de garder le secret sur nos soupçons à l'égard de ce vaisseau jusqu'à ce que nous soyons mieux informés.

Le capitaine fit signe qu'il consentait à cette proposition.

— Et maintenant que nous sommes du même avis sur les articles préliminaires, ajouta le bourgeois, allons chercher le patron de Kinderhook qui a des droits à notre confiance.

Myndert, suivi de son compagnon, sortit alors de la Cour-des-Fées triste et déserte, d'un pas qui était redevenu ferme et calme, et d'un air qui exprimait plutôt l'ennui et la contrariété qu'un chagrin réel.

CHAPITRE XIV.

—Je vais te donner un vent.
—Tu es aimable.
—Moi un autre.
—Et moi tous ceux qui restent.

SHAKSPEARE, *Macbeth.*

Le nuage au dessus du Rariton ne s'était

pas levé. La brise venait toujours de la mer, et le brigantin dans la Cove, ainsi que le croiseur de la reine, étaient toujours à l'ancre, comme deux habitations flottantes qui n'avaient pas le dessein de s'éloigner. On était arrivé à l'heure où le temps de la journée devient fixe, et l'on n'espérait plus qu'un vent de terre pût engager le contrebandier à traverser le passage avant le retour de la marée dont le flux courait alors rapidement.

Les fenêtres du Lust-in-Rust étaient ouvertes comme lorsque le propriétaire était présent, et les serviteurs étaient employés dans la villa et ses environs à leurs occupations ordinaires, bien qu'il fût évident, à la manière dont ils s'arrêtaient pour causer, et par les fréquentes conférences qui avaient lieu dans les endroits secrets, qu'ils partageaient l'étonnement que causait l'absence de la jeune héritière; sous tout autre rapport, la villa et ses dépendances étaient, comme à l'ordinaire, tranquilles et désertes en apparence.

Mais il y avait un groupe à l'ombre d'un chêne sur le rivage de la Cove, et à un point où il était rare d'apercevoir un homme. Cette petite société paraissait attendre quelque communication du brigantin, puisqu'elle avait établi son poste sur la côte du passage près du cap, et dans un lieu si retiré qu'elle pouvait entièrement éviter d'être vue par ceux qui entreraient ou sortiraient de l'embouchure de la Shrewsbury. Enfin elle était sur la limite longue, basse et étroite, formant maintenant la projection du Hook, qui, par la brèche temporaire que la Cove avait faite entre ses eaux et celles de l'océan, était alors une île.

— La discrétion devrait être la devise d'un marchand, observa un de ces individus, que le lecteur reconnaîtra sans doute à ses opinions. Il devrait être discret dans ses affaires, et discret dans sa manière de les diriger, discret en fait de crédit, et, par-dessus tout, discret dans ses spéculations. Il est aussi peu nécessaire, messieurs, pour un homme intelligent d'appeler l'aide d'un *posse comitatus*, pour tenir sa maison en ordre, que d'aller raconter dans les marchés publics l'histoire de ses opérations. J'ai recours avec joie à l'assistance du capitaine Cornélius Ludlow et à celle de M. Oloff van Staats, car je sais qu'ils garderont le silence sur les petits événements qui viennent d'avoir lieu chez moi. Ah! le noir a communiqué avec le contrebandier.... supposant toujours que l'opinion de M. Ludlow concernant le vaisseau soit juste.... et le voilà qui quitte le brigantin.

Aucun des deux compagnons de l'Alderman ne répondit. L'un et l'autre surveillaient les mouvements de l'esquif qui contenait leur messager, et ils semblaient éprouver un intérêt égal dans les résultats de sa démarche. Cependant, loin d'approcher du lieu où son maître et ses deux amis l'attendaient, le nègre, bien qu'il sût que son bateau était nécessaire pour que la petite société pût traverser le passage, alla directement à l'embouchure de la rivière, route absolument contraire à celle qu'on supposait qu'il allait prendre.

— Soumission et obéissance! s'écria le maître offensé. Le chien de noir nous abandonne sur ce banc de sable aride où toutes les communications avec l'intérieur nous sont coupées, et où nous sommes aussi complétement privés de nouvelles de l'état du marché et autres choses nécessaires, que des hommes dans un désert !

— Voilà, je crois, un parlementaire, observa Ludlow, dont l'œil habitué à la mer avait découvert un bateau quittant le brigantin, aussi bien que la direction qu'il se disposait à prendre.

Le jeune commandant ne s'était pas trompé, car un léger cutter qui jouait comme une bulle d'eau sur son élément approcha bientôt du lieu où la petite société s'était assise. Lorsqu'il fut assez près pour être parfaitement distingué, et à la portée de la voix, l'équipage cessa de ramer et le bateau ne fut plus agité par aucun mouvement. Le marin au châle des Indes se leva alors au milieu des cordages, et examina le bosquet qui se trouvait derrière les trois individus qui étaient à terre avec un œil soupçonneux. Après un examen suffisant, il fit signe à son équipage de s'approcher plus près de terre, et parla.

— Quels sont ceux qui ont affaire à ce brigantin? demanda-t-il froidement avec l'air d'un homme qui n'a aucune raison de s'intéresser à ce qui se passe près de lui. Il lui reste peu de chose qui puisse se convertir en profits, à moins qu'il ne vende sa beauté.

— En vérité, bon étranger, répondit l'Alderman en appuyant suffisamment sur l'épithète, il n'y a ici personne disposé à faire avec vous un commerce qui pourrait peut-être déplaire aux autorités, si sa nature était connue. Nous désirons être admis à une conférence avec le commandant du vaisseau sur une matière importante, mais qui nous regarde particulièrement.

— Pourquoi envoyer alors un officier public? Je vois ici quelqu'un qui porte la livrée de la reine Anne. Nous n'aimons pas les serviteurs de Sa Majesté, et nous n'avons aucune envie de faire de mauvaises connaissances.

Ludlow mordit ses lèvres, et tâcha de réprimer sa colère en écoutant le langage impertinent d'un homme qui l'avait déjà traité avec si peu de cérémonie; puis oubliant cette résolution pour l'honneur de sa profession, et peut-être, il faut ajouter par l'habitude du commandement, il interrompit le dialogue.

— Si vous voyez la livrée de l'autorité royale, dit-il fièrement, vous pouvez être convaincu qu'elle est portée par un officier qui sait faire respecter ses droits. Je demande le nom et le caractère de ce brigantin.

— Quant à son caractère ou à sa réputation, elle est peut-être un peu équivoque ; quelques envieux même disent qu'elle est à peu près perdue. Mais nous sommes de braves marins, qui ajoutons peu de foi aux mauvais rapports faits sur le compte de notre maîtresse. Quant à son nom, nous répondons à tous ceux qu'on nous donne, quand ils nous conviennent. Appelez-nous Honnêteté si vous voulez, vu le manque de registres.

— Il existe des raisons de soupçonner votre vaisseau de pratiques illégales, et, au nom de la reine, je demande à voir vos papiers et la liberté d'examiner votre cargaison et votre équipage, ou bien je serai dans la nécessité de diriger contre elle les canons du croiseur qui est là-bas à l'ancre et qui n'attend que des ordres.

— On n'a pas besoin d'être savant pour lire nos documents, capitaine Ludlow; ils sont écrits par une quille légère sur les vagues, et ceux qui suivent notre sillage peuvent deviner leur autorité. Si vous souhaitez d'examiner notre cargaison, il faut faire attention aux manchettes, aux tabliers, aux négligés et aux pièces d'estomac de la femme du gouverneur au premier bal dans le fort, ou fureter dans les voiles qui sont étendues au dessus des paniers de la femme et des filles de votre juge de l'amirauté ! Nous ne sommes pas des marchands de fromage, pour briser les os des jambes d'un officier de marine parmi les paniers et les pots de beurre.

— Votre brigantin a un nom, coquin, et, de par l'autorité de la reine, je demande à le savoir.

— Le ciel me préserve que nous disputions les droits de la reine, capitaine Ludlow! vous êtes un marin, et il vous est permis d'examiner un bâtiment tout comme une femme. Voyez ces pièces de quartier! Il n'y a point de chute de reins qui puisse égaler cette riche et gracieuse courbure ; ces bigues l'emportent sur la justesse et la délicatesse de la plus jolie taille , et ces barres d'arcasse gonflées et arrondies ressemblent aux contours d'une Vénus ! Ah ! c'est une séduisante créature, et il n'est pas étonnant que, roulant ainsi qu'elle le fait sur les flots, on l'ait appelée...

— La Sorcière des Eaux ! dit Ludlow s'apercevant que le marin s'arrêtait.

— Vous mériteriez de faire partie de la confrérie, capitaine Ludlow, pour votre habileté dans la divination.

— Surprise et stupéfaction, patron ! s'écria Myndert d'une voix tremblante ; voilà une découverte capable de donner à un honorable marchand plus que la conduite ingrate de cinquante nièces ! C'est donc là le fameux vaisseau de l'Écumeur de Mer, d'un homme dont les méfaits en commerce sont aussi universellement notés que la suspension d'un négociant ! Monsieur le marin, ne troublez pas nos projets. Nous ne sommes point envoyés par aucune autorité du pays, pour nous informer de vos transactions passées, desquelles il est tout-à-fait inutile que vous parliez; il est plus inutile encore de vous laisser entraîner par la soif du gain, et de nous offrir un commerce qui est défendu par les lois. Nous désirons seulement conférer pendant quelques minutes avec le célèbre contrebandier qui, si votre rapport est vrai, commande le vaisseau, sur une affaire qui nous est particulière à tous les trois. Cet officier de la reine est obligé par son devoir de vous adresser certaines questions auxquelles vous répondrez ou non, suivant que vous le jugerez à propos; et puisque le croiseur de la reine est plus loin que la portée d'un canon, on ne peut espérer autre chose de vous. Parlementaires et civilités! capitaine Ludlow, il faut parler doucement à cet homme, ou il nous laissera traverser le passage et revenir au Lust-in-Rust comme nous pourrons, et aussi peu instruits que nous sommes venus. Souvenez-vous de nos conventions, sans faire aucune observation sur ce que je pourrai cacher de l'aventure.

Ludlow se mordit les lèvres et garda le silence; le marin au châle des Indes, ou maître Tiller, comme nous l'avons appelé plus d'une fois, examina encore attentivement le terrain, et fit avancer son bateau assez près de la terre pour qu'on pût y sauter par la poupe.

— Entrez, dit-il au capitaine de la Coquette qui n'avait pas besoin d'une seconde invitation, entrez, car un otage important est une sûre garantie pendant une trêve. L'Écumeur n'est point ennemi des usages de la bonne compagnie, et j'ai déjà rendu justice au serviteur de la reine en le présentant par ses nom et qualités.

— Le succès de votre déception peut vous faire triompher pendant un temps; mais rappelez-vous que la Coquette...

— Est un fort bon bâtiment, si je juge de son habileté par l'exactitude de sa lunette, observa Tiller en interrompant froidement le capitaine. Mais vous avez affaire à l'Écumeur, et nous allons parler sur ce sujet.

Le marin au châle des Indes, qui avait conservé son ancienne audace, devint grave, et s'adressa alors à son équipage d'un air d'autorité, ordonnant de diriger le bateau vers le brigantin.

Les exploits, le caractère mystérieux,

l'audace de la Sorcière des Eaux et de celui qui la commandait, étaient à cette époque des sujets fréquents de colère, d'admiration et de surprise. Ceux qui trouvent du plaisir dans le merveilleux écoutaient avec intérêt les histoires racontées sur la rapidité de ses mouvements et sa hardiesse. Ceux qui avaient souvent échoué dans leurs tentatives d'arrêter les hardis contrebandiers rougissaient à son nom, et chacun se récriait sur le succès de ses mouvements et l'intelligence avec laquelle ils étaient dirigés. On ne s'étonnera donc pas lorsque nous dirons que Ludlow et le patron s'approchèrent du gracieux et léger bâtiment avec un intérêt qui augmentait à chaque coup d'aviron. Rempli d'admiration pour une profession qui à cette époque était particulièrement distinguée et séparée des autres états de la société par ses habitudes et ses opinions, Ludlow ne pouvait voir les proportions parfaites, les contours gracieux de la carène du bâtiment, ou la symétrie et la propreté des espars et des agrès, sans éprouver un sentiment semblable à celui qu'une supériorité incontestable excite même en faveur d'un rival. Il y avait aussi un goût dans le style des ornements de ce navire délicat, qui causait autant de surprise que sa construction.

Les marins de tous les âges ont toujours eu l'ambition de répandre sur leurs habitations flottantes un ordre de décoration qui, bien approprié à leur élément, a quelque chose d'analogue aux ornements de l'architecture en général. La piété, la superstition et les usages nationaux produisent encore aujourd'hui, dans les différentes parties du monde, une grande variété dans l'apparence des vaisseaux. Dans quelques-uns, on donne à la tête du gouvernail l'image de quelque monstre hideux. Un autre montre les yeux louches et la langue pendante d'un chat; celui-ci offre son saint patron, ou Marie toujours propice, en relief sur ses contours qui sont aussi couverts d'emblèmes allégoriques. Peu de ces efforts de l'art nautique sont couronnés de succès, quoiqu'un meilleur goût se montre graduellement même dans cette branche d'industrie qui semble vouloir s'élever à un état digne de l'approbation des plus sévères critiques. Mais le vaisseau dont nous parlons, quoique construit à une époque éloignée de la nôtre, eût fait honneur aux perfectionnements de notre siècle.

On a déjà dit que la carène de ce fameux vaisseau contrebandier était basse, sombre, construite avec un art exquis, et de proportions si parfaites, qu'elle voguait sur l'Océan avec l'aisance d'un oiseau de mer; à une petite distance au dessus de l'eau on y voyait une ligne bleue qui se confondait avec la couleur sombre de l'Océan, l'usage du cuivre étant alors inconnu, tandis que les parties supérieures étaient d'un noir de jais rehaussé par deux lignes couleur paille qui étaient tracées avec une justesse mathématique, parallèles à la surface de ses ouvrages supérieurs, et par conséquent convergeant légèrement vers la mer sous la voûte de l'arcasse. Des toiles de hamacs d'une blancheur éblouissante dérobaient à la vue les personnes qui étaient sur le pont, tandis que les bastions serrés donnaient au brigantin l'apparence d'un vaisseau de guerre. L'œil de Ludlow parcourait avec curiosité l'étendue des deux lignes couleur paille, cherchant en vain quelque indice de la pesanteur et de la force de l'armement. Si le bâtiment avait des sabords, ils étaient assez ingénieusement cachés pour échapper aux regards les plus perçants. La nature des agrès a déjà été décrite. Participant du double caractère du brigantin et du schooner les voiles et les espars du mât d'avant ressemblaient au premier, et ceux du mât d'arrière au second. Les marins ont donné aux vaisseaux de cette forme le nom d'Hermaphrodites. Mais quoique ce terme pût faire penser que le brigantin manquât des proportions qui constituent l'élégance, on se rappellera que cette différence appartenait à quelque ancienne règle de l'art, et qu'on n'avait violé en rien les lois universelles et parmanentes qui font le charme de la nature. Les modèles de cristal qui représentent le corps d'un vaisseau ne sont pas plus exacts ni plus justes dans leurs lignes que n'étaient les cordages et les espars de ce brigantin. Pas une corde ne s'éloignait de sa véritable direction;

pas une voile dont les plis n'eussent l'air d'avoir été rassemblés par la main d'une habile ménagère; pas un mât ou une vergue qui ne s'élevât dans l'air, ou n'étendît ses bras avec la plus minutieuse symétrie. Tout était aérien, original et plein de grâce, et semblait devoir prêter au bâtiment un caractère de légèreté et de rapidité extraordinaire. Au moment où le bâtiment s'approchait des flancs du brigantin, un changement dans l'air fit tourner la petite barque comme un van dans le courant qu'elle parcourait; et comme les proportions longues et pointues des drisses d'avant se montrèrent à la vue, Ludlow aperçut sous le beaupré une image qu'il supposa faire, au moyen de l'allégorie, quelque allusion au caractère du vaisseau. Une figure de femme due à un sculpteur habile était placée sur la partie la plus avancée du gouvernail. Le corps appuyait légèrement un de ses pieds sur un globe, tandis que l'autre était suspendu avec aisance, et toute l'attitude ressemblait à celle du fameux Mercure de Bologne. La draperie était flottante, légère, d'une nuance vert de mer, comme si elle eût emprunté cette teinte à l'élément qui était au dessous d'elle. Le visage était d'une couleur sombre bronzée qui fut adoptée de temps immémorial comme le meilleur ton pour représenter l'expression humaine. Les cheveux étaient épars et touffus, l'œil rempli de ce feu qui doit briller dans les regards d'une sorcière; et un sourire si étrange et si malin jouait autour de la bouche, que le jeune marin frémit à la vue de cette figure, comme si une créature vivante eût répondu à son regard.

— Sorcellerie et nécromancie! murmura l'Alderman lorsqu'il eut contemplé cette image extraordinaire; voilà une coquine en airain qui pourrait voler sans remords le trésor de la reine! Vos yeux sont jeunes, patron; qu'est-ce que l'impudente tient aussi effrontément sur sa tête?

— Il me semble que c'est un livre ouvert dont les pages sont écrites en lettres rouges. On n'a pas besoin d'être sorcier pour deviner que ce ne sont pas des extraits de la Bible.

— Ni le livre des statuts de la reine

Anne, je le garantis. C'est un registre où elle inscrit les profits de ses courses vagabondes. Sourires et œillades ! l'air impudent de cette créature suffirait pour faire perdre contenance à un honnête homme.

— Voulez-vous lire la devise de la sorcière ? demanda le marin au châle des Indes, dont les yeux avaient étudié les détails du brigantin, plutôt qu'il n'avait fait attention à l'objet qui avait attiré les regards de ses compagnons. L'air de la nuit a raidi le cordage de ce bâton de clinfoc, mes garçons, et il commence à lever le nez comme un petit maître badaud lorsqu'il sent pour la première fois l'odeur de l'eau salée. Voyez à cela, et amenez l'espar en ligne, ou nous aurons un reproche de la sorcière, qui n'aime pas à voir aucune partie de sa toilette dérangée. Tenez, messieurs, vous pouvez lire les sentiments de cette dame, aussi clairement qu'on peut jamais lire dans les pensées d'une femme.

En parlant à son équipage, Tiller avait changé la direction du bateau, et obéissant au mouvement de sa main, il fut bientôt exactement au dessous de la figure que nous venons de décrire. Les lettres rouges étaient alors visibles, et lorsque l'Alderman van Beverout eut ajusté ses lunettes, les trois compagnons lurent la citation suivante :

Quoique je n'aie jamais rien prêté ni rien emprunté, en prenant ou en donnant avec excès, cependant, pour fournir aux besoins pressants d'un ami, je m'écarterais de mes habitudes.

Le Marchand de Venise.

— La Sorcière d'airain! s'écria Myndert lorsqu'il eut parcouru la citation du barde immortel. Mûrs ou verts, personne ne pourrait désirer être l'ami d'une créature aussi effrontée, et imputer de tels sentiments à aucun respectable commerçant, soit de Venise, soit d'Amsterdam. Mettez-nous à bord du brigantin, l'ami, et que nous terminions cette entrevue avant que les mauvaises langues ne dénaturent les motifs de notre visite.

— Le vaisseau chargé sillonne la mer trop profondément pour aller vite ; nous atteindrons le port dans une meilleure saison sans cette hâte. Voulez-vous jeter un autre coup d'œil sur les sombres pages de cette dame? L'esprit d'une femme n'est jamais bien connu à la première réponse!

Le marin leva le bambou qu'il portait, et fit tourner une des pages de métal peint sur des gonds artistement cachés. On vit une nouvelle surface avec une autre citation.

— Qu'est-ce que c'est que cela, qu'est-ce que c'est, patron? demanda le bourgeois qui ne paraissait pas avoir une grande confiance dans la discrétion de la Sorcière. Folies et poésies! mais c'est là l'habitude de toutes les femmes; quand la nature leur a refusé une langue, elles inventent une autre manière de parler.

> Les commissionnaires de la mer et de la terre vont ainsi à l'entour, à l'entour; trois fois pour toi et trois fois pour toi, et trois fois encore pour faire neuf.

— Véritables sottises! continua le bourgeois; c'est fort bien pour ceux qui peuvent ajouter trois fois trois à leurs biens. Mais, croyez-moi, patron, c'est un heureux commerce que celui qui peut doubler la valeur de l'entreprise en comptant les chances raisonnables à courir et les mois d'anxiété à attendre.

— Nous avons d'autres pages, reprit Tiller, mais ne laissons pas traîner davantage notre principale affaire. On peut lire de bonnes choses dans le livre de la Sorcière, lorsqu'on en a le loisir et l'occasion. Je parcours très-souvent son volume pendant les calmes, et il est rare d'y trouver deux fois la même morale, comme ces braves marins pourront vous l'affirmer.

Les marins qui tenaient les avirons confirmaient cette assurance par leur air de gravité et de confiance, tandis que leur supérieur faisait changer de place au bateau et laissait l'image de la Sorcière des Eaux seule au dessus de son élément.

L'arrivée du cutter ne produisit aucune sensation parmi ceux qui occupaient le pont du brigantin. Le marin au châle des Indes souhaita une bienvenue franche et cordiale à ses compagnons de voyage, et les laissa pendant une minute pour faire leurs observations, tandis qu'il remplissait quelque devoir dans l'intérieur du vaisseau. Ces moments ne furent pas perdus, car une curiosité puissante portait les étrangers à regarder autour d'eux de cet air avec lequel on étudie l'apparence de quelque objet fameux qui n'a longtemps été connu que de réputation. Il était évident que l'Alderman van Beverout lui-même n'avait pas encore pénétré aussi avant dans les mystères de l'élégant brigantin. Mais c'était surtout Ludlow qui saisit avec le plus d'ardeur cette occasion, et dont les regards intelligents parcoururent avec le plus de rapidité tous les objets qui peuvent intéresser un marin.

Une admirable propreté régnait de toute part. Les planches du pont ressemblaient à l'ouvrage d'un ébéniste plutôt qu'au travail grossier qui règne ordinairement en pareil lieu. On trouvait la même excellence de matériaux et le même fini dans les lambris des légers bastions, les balustrades et tous les objets qui se présentent naturellement à la vue dans la construction d'un semblable bâtiment. Le cuivre était employé avec goût plutôt que dans toutes les parties où le métal était nécessaire, et la peinture de l'intérieur était partout d'une légère couleur paille. Il n'y avait aucun armement visible, et les quinze ou vingt graves marins qui arpentaient le vaisseau les bras croisés ne ressemblaient point à des hommes qui trouvent du plaisir dans des scènes de violence. Tous sans exception avaient atteint le milieu de la vie; l'expression de leur visage brûlé par le soleil était pensive ; plus d'un montrait une tête qui commençait à grisonner plutôt par l'effet de l'âge que des fatigues. Ludlow fit toutes ces observations avant le retour de Tiller. Lorsque ce dernier reparut, il ne se montra nullement disposé à cacher aucune des perfections de sa demeure.

— La prudente Sorcière n'est point avare avec ses serviteurs, dit le marin en observant l'occupation de l'officier de la reine. Vous voyez que l'Écumeur pourrait recevoir un amiral dans ses cabines, et les matelots sont logés plus loin, bien au-delà du mât de misaine. Voulez-vous aller aux écoutilles et examiner ce qui se trouve en bas?

Le capitaine et ses compagnons se

laissèrent conduire, et le premier, à sa grande surprise, s'aperçut qu'à l'exception d'une grande chambre divisée en larges compartiments placés en vue, tout le reste du brigantin était employé pour l'usage des officiers de l'équipage.

— Le monde nous donne la réputation de contrebandiers, reprit Tiller souriant avec malice ; mais si la cour de l'amirauté était ici avec ses perruques et ses longs bâtons, les juges et le jury ne pourraient parvenir à nous convaincre de fraude. Voilà du fer pour tenir la dame sur ses pieds, de l'eau et du rhum de la Jamaïque, et les vins de la vieille Espagne et des îles pour réjouir le cœur et désaltérer le gosier des matelots qui sont sous le pont; mais il n'y a rien de plus. Nous avons des magasins pour la table et pour la brise, au-delà de cette cloison et au dessous de vous ; voilà des compartiments qui sont... vides! voyez, un d'entre eux est ouvert ; il est aussi net que le tiroir du bureau d'une dame. Ce n'est point une place pour vos eaux fortes de Hollande ou pour les peaux grossières de vos marchands de tabac. Celui qui veut suivre à la piste la cargaison de la Sorcière des Eaux doit poursuivre les beautés dans leurs satins et les prêtres avec leur robe et leur rabat. Il y aurait bien des lamentations dans l'église, et plus d'un évêque aurait le cœur serré, s'il apprenait qu'il est arrivé malheur à notre bâtiment.

— Il faut mettre un terme à cet audacieux badinage, dit Ludlow, et ce temps peut être plus près que vous ne le pensez.

— Dans l'orgueil de chaque matinée, je vois dans les pages du livre de la dame, car nous en avons aussi un à bord, que, lorsqu'elle nous jouera un mauvais tour, elle sera du moins assez polie pour nous donner un avertissement. Les devises changent souvent, mais ses paroles sont toujours vraies. Il est difficile d'atteindre le brouillard qu'emporte la brise, capitaine Ludlow, et il faut qu'il tienne bien le vent lui-même, celui qui veut être longtemps dans notre compagnie.

— Plus d'un marin fanfaron a été attrapé. La brise qui est favorable pour le vaisseau dont le fret est léger, et celle qui est bonne pour le bâtiment dont la quille est profonde, sont différentes. Nous pouvons vivre assez pour apprendre ce qu'un mât vigoureux, un bras long, et une carène solide, peuvent faire.

— Que la dame à l'œil hagard et au sourire malin me protége! J'ai vu la Sorcière enterrée dans l'eau salée, et les vagues brillantes dégoutter de ses tresses comme des étoiles d'argent; mais je n'ai jamais lu un mensonge dans ses pages. Il y a une heureuse intelligence entre elle et quelques personnes à bord; et croyez-moi, elle connaît trop bien les sentiers de l'Océan pour prendre une mauvaise route. Mais nous bavardons comme des marins d'eau douce. Voulez-vous voir l'Ecumeur de Mer?

— C'est l'objet de notre visite, répondit Ludlow, dont le cœur battit violemment au nom de ce redoutable corsaire. Si ce n'est pas vous, conduisez-nous près de lui.

— Parlez plus bas; si la dame qui est sous le beaupré entendait de tels propos contre son favori, je ne répondrais plus de sa bonne volonté. Si ce n'est pas moi! ajouta le héros au châle des Indes en souriant de bon cœur. Oh! un océan est plus large qu'une mer, et une baie n'est point un golfe. Vous aurez l'occasion de juger entre nous, noble capitaine, et alors je laisse les opinions à la sagesse de chaque homme. Suivez-moi.

Il quitta les écoutilles, et conduisit ses compagnons vers les appartements dans l'arrière du vaisseau.

CHAPITRE XV.

—Dieu vous protége, monsieur!
—Et vous, monsieur, vous êtes le bienvenu.
—Voyagez-vous, monsieur, ou êtes-vous au terme de votre course?

La Mégère apprivoisée.

Si l'extérieur du vaisseau était si gracieux dans sa forme et si original, l'intérieur n'était pas moins digne d'observation. Il y avait deux petites cabines sous le pont principal, une de chaque côté, et joignant l'espace limité destiné à recevoir la légère mais précieuse cargaison. C'était dans une de ces cabines que Tiller était descendu comme un homme qui entre sans cérémonie dans son propre appartement. Mais en partie au dessus, et plus près de la poupe, était une suite de petites chambres qui étaient disposées et meublées dans un genre tout différent. L'ameublement était celui d'un yacht, plutôt que celui qu'on pouvait soupçonner convenir aux plaisirs d'un contrebandier même le plus heureux dans ses entreprises.

Le pont principal avait été abaissé de quelques pieds à partir de la cloison des cabines des officiers inférieurs, de manière à donner une hauteur suffisante, sans changer la ligne des bigues du brigantin. Cet arrangement n'était pas visible à l'œil de l'observateur qui n'était pas admis dans le vaisseau. Une ou deux marches néanmoins amenèrent les étrangers au niveau du plancher de la cabine, et dans une anti-chambre qui était évidemment destinée à contenir les domestiques. Une petite sonnette d'argent était posée sur une table, et Tiller l'agita légèrement, comme un homme dont les habitudes ordinaires sont contenues par le respect. A ce bruit parut un jeune mousse qui ne pouvait pas avoir plus de dix ans, et dont la toilette avait été assez originale pour mériter une description.

L'étoffe des habits du jeune serviteur de Neptune était une soie d'un rose tendre, et par leur forme ils ressemblaient au costume que portaient autrefois les pages des grands seigneurs. Sa taille était serrée dans une bande d'or, un collet de dentelle flottait sur son cou et ses épaules, et ses pieds étaient chaussés dans des espèces de brodequins ornés de franges et de glands d'argent. Cet enfant avait une taille et des traits délicats, et un air aussi opposé que possible aux manières brusques et grossières d'un mousse.

— Dégâts et prodigalité! s'écria l'Alderman lorsque ce petit écuyer se présenta. Voilà comment on gâche des marchandises à bon marché. C'est le résultat d'un commerce sans frein! Il y a assez de malines, patron, sur les épaules de ce petit polisson, pour faire une pièce d'estomac à la reine. Par saint George ! les marchandises n'étaient pas chères au marché lorsque le jeune coquin eut sa livrée.

Le bourgeois observateur n'était pas le seul qui fût frappé de surprise. Ludlow et van Staats de Kinderhook manifestèrent le même étonnement, quoique leurs sentiments fussent exprimés d'une manière moins caractéristique. Le premier se détourna brusquement pour demander la cause d'une telle mascarade, lorsqu'il s'aperçut que le marin au châle des Indes avait disparu. Les étrangers se trouvant seuls avec le page, il devint nécessaire de se fier à son intelligence sur ce qui leur restait à faire.

— Qui es-tu, enfant, et qui t'a envoyé ici ? demanda Ludlow. L'enfant souleva son bonnet de la même soie rose que ses vêtements, et, montrant l'image d'une femme avec un noir visage et un sourire malin, peinte avec un art infini sur le devant de son bonnet, il dit :

— Je sers la dame Vert-de-Mer avec les autres officiers du brigantin.

— Et qui est cette dame de la couleur

de mer, et d'où venez-vous en particulier ?

— Voilà son portrait; si vous voulez causer avec elle, elle se tient sur le gouvernail, et refuse rarement une réponse.

— Il est singulier qu'une figure de bois ait le don de la parole!

— Croyez-vous qu'elle soit de bois! reprit l'enfant en regardant avec timidité, et cependant d'un air curieux, le visa ge d Ludlow. D'autres l'ont dit, mais ceux qui s'y connaissent le mieux assurent le contraire. Elle ne répond pas avec sa langue, mais le livre a toujours quelque chose à dire.

— Comme on a trompé l'esprit de ce jeune garçon! J'ai lu ce livre, mais je puis comprendre peu de chose.

— Alors lisez-le encore, ce n'est qu'après bien des efforts que le vaisseau qui louvoie gagne sur le vent. Mon maître m'a ordonné de vous introduire.

— Arrête! tu as donc un maître et une maîtresse?... tu nous as parlé de la dernière, mais nous voudrions savoir quelque chose du premier. Quel est ton maître?

Le jeune garçon sourit et regarda de

côté, comme s'il hésitait à répondre.

— Ne refuse pas de nous satisfaire. Je suis revêtu de l'autorité de la reine.

— Il nous dit que la dame Vert-de-Mer est notre reine, et que nous n'en avons pas d'autre.

— Audace et rébellion! murmura Myndert. Ces bons principes finiront par faire condamner le plus joli brigantin qui ait jamais navigué, et il y aura des rumeurs à l'étranger et des réputations attaquées, assez pour fatiguer la langue de tous les amateurs de commérage.

— C'est un audacieux qui ose parler ainsi, dit Ludlow qui n'avait point écouté la plaisanterie de l'Alderman ; votre maître a un nom ?

— Nous ne l'avons jamais entendu. Lorsque Neptune vient à bord sous les tropiques, il nous appelle toujours sous le nom de l'Écumeur des Mers ; alors nous lui répondons. Le vieux dieu nous connaît bien, car on dit que nous passons sous sa latitude plus souvent que d'autres vaisseaux.

— Vous avez quelques années de service sur ce brigantin ; il n'y a aucun doute que vous n'ayez parcouru bien des terres éloignées, appartenant à un bâtiment si léger ?

— Moi! je n'ai jamais été à terre, reprit le jeune garçon d'un air pensif. Cela doit être drôle. Ils disent qu'on peut à peine y marcher, tant elle est tranquille. J'ai fait une question à la dame Vert-de-Mer, avant d'entrer dans cet étroit passage, pour savoir quand je devais aller à terre.

— Et elle répondit...?

— Elle fut quelque temps avant de répondre. Deux quarts se passèrent avant que je pusse lire un mot, mais à la fin j'eus une réponse. Je crois qu'elle s'est moquée de moi, quoique je n'aie jamais osé demander à mon maître ce qu'il en pensait.

— Te rappelles-tu les paroles? peut-être nous pourrions t'aider, car il y en a parmi nous qui connaissent la plupart des sentiers de la mer.

Le jeune garçon regarda autour de lui d'un air timide et soupçonneux, et, mettant avec précipitation une main dans sa poche, il en retira deux morceaux de papier, tous les deux contenant une copie, et ayant évidemment été souvent étudiés.

— Voilà, dit-il d'une voix basse : ceci était sur la première page. J'eus si peur que la dame ne fût en colère, que je n'osai regarder de nouveau jusqu'au premier quart, et alors tournant le feuillet, je trouvai ceci.

Ludlow prit le morceau de papier qui ui avait été offert le premier, et lut l'extrait suivant, qui était écrit de la main d'un enfant :

Je te prie, souviens-toi que je t'ai rendu de grands services, que je ne t'ai jamais trompé, que je ne t'ai jamais fait de mensonges, enfin que je t'ai servi sans murmures ni sans plaintes.

—Je crus que c'était une moquerie, continua le jeune garçon lorsqu'il vit que le capitaine avait terminé sa lecture, car c'était à peu près la même chose, quoique plus joliment arrangé que ce que j'avais dit moi-même.

— Et quelle fut la seconde réponse?

— Voici ce que je trouvai au premier quart du matin, reprit l'enfant en lisant lui-même le second extrait :

Tu penses qu'il est beau de marcher sur les vagues de la mer salée, et de courir sur les vents aigus du nord.

— Je n'ai plus rien osé demander. Mais qu'est-ce que cela signifie ? On dit que la terre est rude aux pieds, et qu'il est difficile d'y marcher; que des tremblements l'agitent et y forment des trous qui engloutissent des villes; que les hommes se tuent sur les grands chemins pour de l'argent, et que les maisons que je vois sur la montagne sont obligées de rester toujours dans le même lieu. Cela doit être bien triste de vivre toujours dans le même endroit, et bien singulier de ne jamais sentir aucun mouvement.

—A l'exception du balancement accidentel d'un tremblement de terre, tu es mieux à bord, mon enfant... Mais ton maître, cet Ecumeur de Mer!...

— Chut! dit le jeune garçon en levant son doigt pour imposer silence; il est monté dans la grande cabine, dans un moment nous entendrons son signal.

On exécuta alors dans la chambre voisine une symphonie harmonieuse sur la guitare avec le plus grand talent.

— Alida elle-même n'a pas les doigts plus agiles, dit l'Alderman à voix basse, et je ne l'ai jamais entendue jouer du luth hollandais qui a coûté cent florins dans un mouvement plus rapide.

Ludlow fit un signe, et l'Alderman se tut. Alors on entendit une belle voix d'homme, dont les sons étaient riches et profonds, et qui était accompagnée par le même instrument. Cet air était grave et peu en harmonie avec le caractère d'un habitant de l'Océan, étant principalement un récitatif. On chanta les paroles suivantes, autant qu'il était possible de les distinguer :

Mon brigantin,
dont les formes sont belles et régulières, doux dans son balancement et rapide sur les vagues, léger comme l'oiseau aquatique bercé par la tempête, par la brise, par le vent, nous précipitons ta course,
Ma reine des eaux !

Dame de mon cœur !
rien de plus rapide et de plus léger que toi ne vogue sur la mer avec une quille plus sûre et plus calme dans sa route ; nous bravons avec toi tous les mystères de l'Océan, et nous rions du courroux de la tempête,
Car nous sommes à toi.

Mon brigantin !
fie-toi au pouvoir mystérieux qui te montre le chemin, à l'œil qui perce l'espace, au rouge météore qui joue autour

de toi, et surtout fie-toi sans crainte à l'étoile de la dame Vert-de-Mer,

Toi, ma divine barque !

— Il chante souvent ainsi, dit le jeune garçon à voix basse lorsque la chanson fut terminée, car ils disent que la dame Vert-de-Mer aime la musique qui parle de l'Océan et de son pouvoir. Écoutez, il m'a ordonné d'entrer.

— Il a seulement touché les cordes de la guitare.

— C'est son signal lorsque le temps est beau. Lorsque le vent siffle et que les vagues mugissent, il appelle plus haut.

Ludlow eût volontiers écouté plus longtemps, mais le jeune garçon ouvrit une porte, et, montrant du doigt le chemin à ceux qu'il conduisait, il disparut en silence derrière un rideau.

Les étrangers, et plus particulièrement Ludlow, trouvèrent de nouveaux sujets d'admiration et de surprise en entrant dans la principale cabine du brigantin. L'appartement, relativement à la grandeur du vaisseau, était spacieux et élevé. Il recevait de la lumière par deux fenêtres à la poupe, et il était évident que deux chambres plus petites, une de chaque côté des quartiers, avaient aussi cet avantage. L'espace entre ces chambres du conseil, comme on les appelle dans le langage nautique, formait nécessairement une profonde alcôve, qui pouvait être séparée de la partie extérieure de la cabine par un rideau de damas cramoisi qui pendait alors sur une poutre, à laquelle on avait donné la forme d'une corniche dorée. Une pile de luxueux coussins couverts de maroquin rouge était posée près de la traverse à la manière des divans de l'Orient, et contre les cloisons des chambres du conseil on voyait une agrippine de bois d'acajou, recouverte aussi en maroquin. De petites bibliothèques gracieuses étaient suspendues çà et là, et la guitare dont on avait fait usage depuis si peu de temps était posée sur une petite table de quelque bois précieux au centre de l'alcôve. Il y avait encore d'autres petits meubles tels que ceux qui occupent les loisirs d'un esprit cultivé, mais peut-être plus efféminé que vigoureux, répandus dans l'appartement;

suivant toute apparence, les uns étaient négligés depuis longtemps, et les autres paraissaient avoir été plus récemment en faveur.

La partie extérieure de la cabine était meublée dans le même style, quoiqu'elle contînt beaucoup plus des articles qui appartiennent à l'économie domestique. Elle avait ses agrippines, ses piles de coussins, ses chaises en bois précieux, ses petites caisses pour les livres et ses instruments négligés, entremêlés d'ornements plus solides et plus permanents, qui étaient destinés à résister au mouvement violent, souvent inévitable dans un aussi petit bâtiment. Il y avait une légère tapisserie de damas cramoisi autour de l'appartement, et çà et là un petit miroir entre les cloisons et les lambris. Toutes les autres parties étaient en bois d'acajou rehaussé par des panneaux de bois de rose, qui ajoutaient à l'élégance de la cabine. Le plancher était couvert d'une natte du plus beau travail, et dont l'odeur parfumée et fraîche prouvait que l'herbe dont elle était composée était née dans un climat chaud et favorisé de la nature. Ce lieu, comme tout le reste du vaisseau, autant que l'œil perçant de Ludlow put s'en convaincre, était entièrement dépourvu d'armes. On ne voyait pas même un pistolet ou un sabre dans les lieux où les armes de cette espèce sont ordinairement suspendues dans tous les vaisseaux employés, soit en guerre, ou dans un commerce qui pouvait obliger ses passagers à commettre des actes de violence.

Au centre de l'alcôve se trouvait le jeune homme extraordinaire qui avait visité la *Cour-des-Fées* la nuit précédente avec si peu de cérémonie. Son costume était à peu près le même, par sa coupe et par l'étoffe qui le composait; cependant il avait été changé, car sur la poitrine on apercevait une image de la dame Vert-de-Mer, peinte sur soie avec un talent parfait, et de manière à conserver son expression sauvage et surnaturelle. Le jeune homme était légèrement appuyé contre la petite table, et lorsqu'il salua les étrangers avec le plus grand empire sur lui-même, on put apercevoir un sourire dans lequel il y avait autant de mélancolie que de politesse. En même temps il ôta sa toque , et laissa voir les belles boucles noires dont la nature avait doué sa tête avec tant de prodigalité.

Les manières des étrangers étaient moins aisées. La profonde inquiétude avec laquelle Ludlow et le patron s'étaient approchés du corsaire avait fait place à un étonnement et à une curiosité dans lesquels le principal but de leur visite était presque oublié , tandis que l'Alderman van Beverout avait l'air honteux , soupçonneux , et pensant moins à sa nièce qu'aux conséquences d'une entrevue si remarquable. Ils répondirent tous au salut de leur hôte , quoique chacun attendît qu'il parlât.

— On m'a dit que j'avais le plaisir de recevoir un commandant au service de la reine , le riche et honorable patron de Kinderhook , ainsi qu'un digne et respectable membre de la corporation de la ville, l'Alderman van Beverout , dit le jeune homme qui faisait les honneurs du vaisseau dans cette occasion. Il n'arrive pas souvent à mon humble brigantin d'être ainsi favorisé, et, au nom de ma maîtresse, je vous exprime mes remercîments.

En cessant de parler il salua de nouveau avec une gravité cérémonieuse, comme si tous ceux qu'il voyait étaient également étrangers pour lui, quoique les jeunes gens s'aperçussent fort bien qu'un léger sourire jouait autour d'une bouche à laquelle ils ne pouvaient refuser les attraits les plus séduisants.

— Comme nous n'avons qu'une maîtresse, il est de notre devoir commun de souhaiter de lui plaire.

— Je vous comprends, monsieur. Il est presque inutile de dire cependant que la femme de George de Danemark a peu d'autorité ici. Attendez, je vous prie, ajouta-t-il vivement en observant que Ludlow se disposait à répondre. Nos entrevues avec les serviteurs de cette dame ne sont pas rares, et comme je sais que d'autres affaires vous attirent ici, nous nous imaginerons que tout ce qu'un vigilant officier et les sujets les plus fidèles peuvent dire a été dit à un proscrit qui se joue un peu des lois et des usages. Cette controverse peut être terminée entre nous sous nos voiles par la vertu de notre rapidité ou par d'autres qualités de notre profession en temps et lieux convenables. Nous nous occuperons donc d'autre chose.

— Je pense que ce gentleman a raison, patron. Quand les affaires sont mûres pour la Cour de l'Echiquier, il est inutile de se fatiguer les poumons pour résumer les débats comme un avocat payé. Douze hommes discrets et qui ont de la compassion pour les vicissitudes du commerce, qui savent combien il est difficile de gagner, et combien il est aisé de perdre, s'entendront sur ce sujet beaucoup mieux que tous ces inutiles orateurs des provinces.

— Lorsque je serai confronté aux douze Daniels désintéressés, je serai obligé de me soumettre à leur jugement, reprit le contrebandier avec un sourire un peu ironique. C'est vous, je crois, monsieur, qu'on appelle M. Myndert van Beverout ; à quelle baisse dans la fourrure ou à quelle hausse dans les marchés dois-je l'honneur de cette visite?

— On dit que quelques personnes de ce vaisseau ont été assez hardies pour débarquer sur mes terres la nuit passée, sans la connaissance ou le consentement du propriétaire (vous observerez le sens de notre discours, monsieur van Staats, car cette affaire peut être portée devant les autorités...) comme je le disais, monsieur, à l'insu de leur propriétaire, et qu'on y a vendu des marchadises prohibées par les lois, à moins qu'elles n'entrent dans les provinces embellies et purifiées par l'air des domaines de la reine en Europe.... Dieu bénisse Sa Majesté!

— Amen.... Les marchandises qui quittent la Sorcière des Eaux sont ordinairement purifiées par l'air de bien des régions différentes. Nous ne sommes point paresseux dans nos mouvements, et les vents de l'Europe cessent à peine d'enfler nos voiles, que nous ressentons ceux d'Amérique. Mais voilà des affaires qui regardent l'Echiquier, et qui devraient être discutées devant les douze bourgeois miséricordieux, plutôt que de faire le sujet de votre visite.

— J'ai commencé par citer des faits, afin qu'il n'y eût point de méprise. Mais outre une imputation défavorable au crédit d'un marchand, une grande calamité vient d'affliger ma maison pendant la nuit dernière. La fille et l'héritière du vieux Étienne de Barberie a quitté sa demeure, et nous sommes portés à croire qu'elle s'est oubliée jusqu'à chercher un refuge sur ce vaisseau. Bonne foi et relations! maître Seadrift, je crois que cela excède le pouvoir d'un contrebandier lui-même. Je puis être indulgent pour quelques erreurs dans un compte, mais les femmes peuvent être importées et exportées, sans payer de droits, quand et où l'on veut; et alors quelle était la nécessité d'enlever celle-là de chez son vieil oncle, et avec tant de mystère?

— On ne peut nier votre proposition, et votre conclusion est sentimentale. J'admets que la demande soit faite dans toute les formes, et je suppose que ces deux messieurs sont ici pour être témoins de sa légalité.

— Nous sommes venus pour aider un malheureux parent et tuteur à réclamer sa pupille, répondit Ludlow.

Le contrebandier tourna ses regards sur le patron, qui donna son assentiment par un regard silencieux.

— C'est bien, messieurs ; j'admets aussi le témoignage. Mais quoique je sois, selon l'opinion vulgaire, un si digne sujet pour la justice, j'ai eu jusqu'ici peu de communication directe avec cette aveugle déité. Les autorités donnent-elles ordinairement crédit à ces accusations, sans quelques preuves de leur vérité ?

— On le nie.

— Vous êtes encore en possession de toutes vos facultés, capitaine Ludlow, et vous pouvez en faire usage. Mais c'est un artifice pour détourner de la véritable route. Il existe d'autres vaisseaux que le brigantin, et une belle capricieuse peut avoir cherché un protecteur jusque sous le pavillon de la reine Anne.

— C'est une vérité qui ne s'est que trop souvent présentée à mon esprit, monsieur van Beverout, observa le prétentieux patron.

Il eût été nécessaire de nous assurer si celle que nous cherchons n'avait pas pris un parti moins extraordinaire, avant d'avoir cru que votre nièce pût consentir à devenir la femme d'un étranger.

— M. van Staats a-t-il quelque intention cachée dans ses paroles, qu'il parle avec une telle ambiguïté ? demanda Ludlow.

— Un homme confiant dans ses bonnes intentions a peu d'occasions de parler d'une manière équivoque. Je crois, avec ce fameux contrebandier, qu'il est plus probable que la belle Barberie ait pris la fuite avec une personne qu'elle connaissait et pour laquelle je crains qu'elle n'ait eu que trop d'estime, qu'avec un homme qui lui est entièrement étranger et sur la vie duquel il existait tant de mystères.

— Si croire que la jeune dame n'accordait pas légèrement son estime est une excuse pour les soupçons, alors je puis conseiller de faire des recherches dans le manoir de Kinderhook.

— Consentement et joie! la jeune fille n'avait pas besoin de se sauver dans l'église pour devenir la femme d'Oloff van Staats, interrompit l'Alderman; elle aurait eu ma bénédiction dans cette affaire, et une bonne dot par-dessus le marché.

— Ces soupçons n'ont rien que de naturel entre deux hommes qui poursuivaient le même but, dit le contrebandier. L'officier de la reine pense qu'un regard d'une beauté capricieuse exprime son admiration pour des domaines étendus et des prés fertiles, et le propriétaire craint l'attrait du service militaire et le pouvoir d'une imagination qui vogue sur l'onde. Cependant puis-je vous demander ce qui existe ici pour tenter une beauté fière et adulée, et lui faire oublier son rang, ses amis, et ce qu'elle se doit à elle-même?

— Caprice et vanité! personne ne peut répondre de l'esprit d'une femme. On leur apporte, avec de grands risques, les articles les plus coûteux des grandes Indes pour satisfaire leurs goûts, et elles changent de mode plus facilement que le castor ne change sa peau. Leurs caprices dérangent les spéculations de commerce, et je ne vois pas pourquoi ils ne pousseraient pas une fille obstinée à faire quelque autre acte de folie.

— Ce raisonnement paraît concluant à l'oncle. Les deux amants lui reconnaissent-ils la même justesse?

Le patron de Kinderhook avait regardé longtemps, et avec attention, l'être extraordinaire qui lui adressait cette demande. Un mouvement qui trahissait également sa conviction et ses regrets lui échappa; mais il continua à garder le silence. Il n'en fut pas ainsi de Ludlow; d'un caractère plus vif, quoiqu'il fût également convaincu de la tentation qui avait porté Alida à commettre une faute, et qu'il prévît toutes les conséquences qui en résulteraient pour lui et pour les autres, il y avait une rivalité de profession et des droits officiels à exercer qui se mêlaient à ses sentiments d'amour.

Il avait trouvé le temps d'examiner plus attentivement les articles que la cabine contenait, et lorsque leur hôte singulier leur adressa sa dernière question, il montra du doigt, en souriant avec amertume et ironie, un tabouret richement travaillé et représentant des fleurs dont les nuances éclatantes ressemblaient à celles de la nature.

— Ce n'est point là l'ouvrage d'un faiseur de voiles, dit le capitaine de la Coquette.

D'autres beautés ont déjà résidé dans votre brillante demeure, téméraire marin, mais tôt ou tard la justice atteindra votre léger bâtiment.

— Dans un parage ou un autre il verra un jour sa fin, ainsi que nous tous. Capitaine Ludlow, j'excuse ce qu'il peut y avoir de dur dans votre langage, car il convient à un serviteur de la couronne d'user de liberté avec une personne qui, comme le compagnon déréglé du prince Hal, n'est que trop porté à dire, Volons l'Échiquier du roi. Mais, monsieur, ce brigantin et son caractère sont peu connus de vous. Nous n'avons pas besoin d'oisives demoiselles pour nous instruire dans les mystères des goûts du sexe ; car l'esprit d'une femme guide notre humeur à tous, et met quelque chose de sa délicatesse dans toutes nos actions, quoique les bourgeois aient l'habitude de les croire contraires aux lois. Voyez, ajouta l'Écumeur en écartant avec soin un rideau et montrant divers objets qui semblaient appartenir aux occupations des femmes; voilà les offrandes du pinceau et de l'aiguille. La Sorcière, dit-il en touchant l'image qui était peinte sur sa poitrine, ne veut pas être servie sans quelque déférence envers son sexe.

— Cette affaire peut être arrangée par un compromis, à ce que je vois, observa l'Alderman. Avec votre permission, messieurs, je vais faire des propositions en particulier à ce hardi commerçant, et peut-être il acceptera mes offres.

— Ah! cela convient mieux à l'esprit du commerce qu'à celui de la déesse que je sers, cria le jeune contrebandier en faisant courir légèrement ses doigts sur les cordes de la guitare. Des compromis et des offres sont des mots qui conviennent aux lèvres d'un bourgeois. Mon charmant Esprit, confiez ces messieurs aux soins du brave Thomas Tiller, pendant que je causerai avec le marchand; la réputation de M. van Beverout, capitaine Ludlow, nous mettra tous les deux à l'abri du soupçon d'aucun projet contre les revenus de la couronne.

Riant lui-même de cette allusion, le contrebandier fit signe au jeune garçon, qui sortit de derrière le rideau, de conduire les amants désappointés de la belle Barberie dans une autre partie du vaisseau.

— Mauvaises langues et calomnies ! dit Myndert. Maître Seadrift, cette manière illégale de se jouer d'une affaire, lorsque les comptes sont terminés et les reçus signés, peut conduire à d'autres pertes, outre celle de la réputation. Le commandant de la Coquette n'est qu'à moitié satisfait de mon ignorance sur le caractère de votre vaisseau, et toutes ces plaisanteries sont autant de cuillerées de rhum jetées par une nuit sombre dans un feu mal éteint. Elles donnent seulement de la lumière et forcent le monde à y voir plus clair. Quoique, grâce au ciel, aucun homme n'ait moins raison de craindre qu'on examine ses affaires que moi, je défie au meilleur comptable des colonies de découvrir une fausse démarche ou une entrée douteuse dans aucun de mes livres, depuis le mémorandum jusqu'au livre de compte.

— Les proverbes ne sont pas plus sentencieux et les psaumes plus poétiques que vos livres. Mais pourquoi cette conversation secrète ? le brigantin est balayé de ses marchandises.

— Balayé ! tu as balayé le pavillon de ma nièce, qui ne s'y trouve pas plus que les doublons dans ma bourse. C'est changer un troc innocent en un commerce des plus coupables, et j'espère que cette plaisanterie se terminera avant que les mauvaises langues de la province s'en soient emparées pour adoucir leur thé. Une telle histoire ferait tort à l'importation des sucres cet automne.

— Cela est plus expressif que clair. Vous avez mes dentelles et mes velours ; mes brocarts et mes satins sont déjà entre les mains des dames du Mahattan ; vos fourrures et vos doublons sont dans un lieu sûr, où aucun officier de la Coquette....

— Bien ! bien ! il n'est pas nécessaire de prôner ce qu'un homme sait fort bien à ses dépens. Je ne devrais rien moins attendre qu'une banqueroute de deux ou trois marchés pareils, et vous voulez ajouter la perte de ma réputation à la perte de mon argent. Les cloisons ont des oreilles dans les vaisseaux comme les murs dans les maisons. Je désire qu'on ne dise plus rien du petit commerce qui s'est fait entre nous. Si je perds mille florins sur cette opération, je saurai comment me consoler. Patience et affliction ! n'ai-je pas enterré ce matin le hongre le mieux nourri qui ait jamais traversé une rue ? et a-t-on entendu une plainte sortir de mes lèvres ? Je sais comment me résigner aux pertes ; ainsi ne parlons plus de ce malheureux marché.

— En vérité, si ce n'était pas pour le commerce, il n'y aurait rien de commun entre les marins du brigantin et l'Alderman van Beverout.

— Il n'en est que plus nécessaire de mettre un terme à cette plaisanterie et de lui rendre sa nièce. Je ne sais pas comment l'affaire s'arrangera entre ces deux jeunes gens à tête chaude, quoique j'aie l'intention d'aller jusqu'à offrir quelques mille livres de plus pour faire un poids. Lorsque la réputation d'une femme perd de son crédit sur la place, il est plus difficile de s'en débarrasser que d'une marchandise au rabais ; et les jeunes propriétaires, ainsi que les commandants de croiseurs, ont des estomacs comme des usuriers ; aucun pour-cent ne les satisfait, il leur faut tout ou rien. Il n'y avait point de semblables folies pendant la vie de ton digne père. L'honnête marchand amenait son cutter dans le port avec un air aussi innocent que s'il eût été sur un bateau de meunier. Nous n'avions de conversation sur la qualité de ses marchandises, que lorsque ses prix étaient faits et que mon or était à côté. Le hasard décidait quel était celui qui faisait le meilleur marché. J'étais un homme riche alors, maître Seadrift ; mais tes habitudes dans le commerce sont celles de l'avarice en personne.

Les lèvres du contrebandier exprimèrent un instant le mépris ; mais cette expression fit bientôt place à une pénible tristesse.

— Tu as adouci mon cœur déjà plus d'une fois, libéral bourgeois, répondit-il, par ces allusions à mon père, et j'ai payé tes éloges de bien des doublons.

— Je mets autant de désintéressement dans mes paroles qu'un ministre dans ses sermons. Qu'est-ce qu'un peu d'or entre amis ? Oui, il y avait du bonheur dans le commerce pendant la vie de ton prédécesseur. Il avait un bâtiment convenable et trompeur, qu'on pouvait comparer à un cheval de course sans harnais. Il ne manquait pas d'activité lorsqu'il fallait en avoir, et cependant il avait l'air paisible d'un bourgeois d'Amsterdam. J'ai vu un croiseur de l'Echiquier l'aborder et lui demander des nouvelles du fameux contrebandier avec aussi peu de soupçons que s'il eût parlé au lord grand-amiral. On ne plaisantait pas dans ce temps-là ; on ne voyait point de coquine effrontée sous son mât de beaupré pour faire perdre contenance à un honnête homme ; point d'extravagants sur les voiles, ni en peinture ; point de chant ni de luth ; tout était raisonnable et avantageux. Puis il était homme à lester son bateau avec quelque chose qui eût de la valeur. Je l'ai vu y mettre cinquante tonneaux de genièvre, sans donner un denier pour le fret, quand il avait terminé pour des objets précieux..., et finir par les débarquer en Angleterre pour une petite prime, quand le don était fait...

— Il mérite tes éloges, reconnaissant Alderman; mais à quelle conclusion cela doit-il aboutir?

— Eh bien, si de l'or doit encore passer par nos mains, continua Myndert avec répugnance, nous ne perdrons pas de temps à le compter, quoique Dieu sache, maître Seadrift, que tu m'as déjà mis à sec. Depuis peu, de grandes pertes m'ont accablé. Voilà un hongre de mort, que cinquante ducats ne remplaceront pas sur le Boom-Key de Rotterdam, sans parler du fret et charges qui sont fort lourds...

— Que m'offres-tu? interrompit le contrebandier, qui désirait mettre un terme à cette conversation.

— Rends-moi la jeune fille, et prends vingt-cinq ducats.

— Moitié prix d'un hongre flamand! La fierté de la belle Alida s'indignerait justement, si elle connaissait sa valeur sur la place.

— Concession et compassion! J'en donnerai cent, et qu'il ne soit plus question de rien entre nous.

—Ecoutez-moi, monsieur van Beverout: je ne nierai pas surtout avec vous que je ne dépasse quelquefois les permissions que nous accorde la reine, car je n'aime ni la manière de gouverner une nation par députés, ni le principe qui dit qu'un coin de terre doit faire des lois pour un autre. Il n'est point dans mon humeur, monsieur, de porter du coton anglais lorsque j'ai du goût pour la soie de Florence, ni d'avaler de la bière lorsque les vins de Gascogne me semblent plus délicats. A l'exception de ce que je viens de vous citer, vous savez que je ne joue pas, même avec des droits imaginaires; et eussé-je cinquante de vos nièces, des sacs de ducats n'en achèteraient pas une!

L'Alderman recula, de manière à faire croire qu'il écoutait une proposition incompréhensible. Cependant son compagnon parlait avec une chaleur qui ne lui donnait pas raison de supposer qu'il en disait plus qu'il n'en éprouvait, et, bien que cela lui parût inexplicable, qu'il évaluait les trésors moins que le sentiment.

— Extravagance et obstination! murmura Myndert; de quel usage une fille embarrassante peut-elle être à un homme de tes habitudes? Si tu as séduit...

— Je n'ai séduit personne; le brigantin n'est point un algérien pour demander ou prendre une rançon.

— Alors, qu'il se soumette à ce qui ne lui est pas encore arrivé. Si tu n'as pas engagé ma nièce à te suivre, Dieu sait par quelles délusions, laisse examiner le vaisseau. Cela mettra en repos l'esprit des jeunes gens, et tiendra le traité ouvert entre nous et la valeur de l'article fixé dans le marché.

— De tout mon cœur... Mais écoute : si certains ballots contenant quelques peaux de martes et de castor découvraient le caractère de mes correspondants, je ne serais coupable d'aucun manque de foi.

— Il y a de la prudence dans ce que tu dis. Non, aucun œil impertinent ne doit pénétrer dans les paquets et les ballots. Eh bien, maître Seadrift, je vois l'impossibilité d'en venir à un arrangement immédiat, et je vais quitter ton vaisseau, car réellement un marchand qui tient à sa réputation ne peut avoir avec un bâtiment si suspect que les relations qu'il ne peut éviter.

Le contrebandier sourit avec une expression mêlée d'ironie et de tristesse, et passa les doigts sur les cordes de la guitare.

— Conduis ce digne bourgeois près de ses amis, Zéphir, dit-il; et saluant l'Alderman, il le congédia d'une manière qui trahissait le mélange de divers sentiments. Une personne prompte à découvrir les traces des passions humaines aurait pu croire que le regret et même le chagrin étaient puissamment unis à la légèreté naturelle ou feinte du langage et des manières du contrebandier.

CHAPITRE XVI.

> Ceci sera un beau royaume pour moi, et je pourrai avoir ma musique sans qu'il m'en coûte rien.
>
> SHAKSPEARE, *la Tempête.*

Pendant le temps que dura la conférence secrète de la cabine, Ludlow et le patron s'entretenaient avec le marin au châle des Indes, sur le gaillard d'arrière. Cette conversation était exclusivement nautique, et van Staats y maintint sa réputation de taciturnité. Myndert, qui parut d'un air pensif, désappointé et rempli d'une inquiétude qu'il ne pouvait cacher, fit prendre aux idées de ces trois personnes une nouvelle direction. Il est probable que le bourgeois pensait qu'il n'avait pas offert assez pour tenter le contrebandier et le porter à lui rendre sa nièce; car on pouvait juger à son air qu'il n'était pas sûr qu'elle ne fût pas sur le vaisseau. Néanmoins, lorsque ses compagnons le consultèrent sur les résultats de son entrevue, il répondit d'une manière évasive, par des motifs qu'il comprenait mieux que personne.

— On peut être certain d'une chose, dit-il : le malentendu de cette affaire sera bientôt expliqué, et Alida de Barberie reviendra libre, et avec une réputation aussi exempte de tache que le crédit de van Stoppers de Hollande. La personne extraordinaire qui est dans la cabine nie que ma nièce soit ici, et je suis porté à croire que la balance de la vérité est de son côté. J'avoue que si l'on pouvait chercher dans les cabines sans avoir l'embarras de déménager les compartiments et la cargaison, cette assurance donnerait plus de satisfaction; mais.... hem.... messieurs, nous devons en croire le maître de ce bâtiment sur sa parole, faute de meilleures preuves.

Ludlow regarda le nuage qui était au dessus du Rariton, et dit en souriant avec fierté :

— Que le vent s'élève à l'est, et nous chercherons tout à notre aise dans les compartiments et la cargaison.

— Chut! le digne maître Tiller peut entendre cette menace, et, après tout, je ne sais si la prudence ne nous conseillerait pas de laisser partir le brigantin.

— Monsieur l'Alderman van Beverout, reprit le capitaine dont les joues s'étaient couvertes de rougeur, vous ne devez pas juger de mon devoir par votre affection pour votre nièce. Bien que vous puissiez consentir à ce qu'Alida de Barberie quitte le pays comme un article de commerce ordinaire, le commandant de ce vaisseau doit obtenir un passe-port du croiseur de Sa Majesté, avant qu'il prenne de nouveau la haute mer.

— Voulez-vous en dire autant à la dame Vert-de-Mer? demanda le marin au châle des Indes, qui parut subitement près de Ludlow.

Cette question était si étrange et si inattendue, qu'elle causa à Ludlow un léger frémissement; mais, reprenant son empire sur lui-même, le jeune marin répondit avec fierté :

— Ou à tout autre monstre que tu puisses conjurer.

— Nous vous prendrons au mot. Il n'y a pas de méthode plus certaine pour connaître le passé et le futur, le point du ciel d'où les vents doivent venir, ou la saison des ouragans, qu'en adressant une question à notre maîtresse. Celle qui sait tant de choses cachées peut nous apprendre ce que vous désirez connaître. Nous allons l'appeler par le signal ordinaire.

En parlant ainsi, le marin au châle des Indes quitta gravement les étrangers et descendit dans les cabines inférieures du vaisseau. Il ne se passa qu'un moment avant que des sons se fissent entendre d'un lieu secret quoique peu éloigné, et qui causèrent sous quelques rapports du plaisir et de la surprise au jeune capitaine et au patron. Leur compagnon avait ses motifs pour être insensible à la même émotion.

Après une courte et vive symphonie, un instrument à vent joua un air étrange, tandis qu'une voix humaine chantait des paroles qui étaient tellement couvertes par l'accompagnement, qu'il était impossible d'en distinguer quelque chose, sinon que c'était le mystérieux enchantement de quelque divinité de l'océan.

— Chants et flûtes ! murmura Myndert lorsque les sons furent évanouis ; voilà du véritable paganisme, et un honnête commerçant qui fait ses affaires sur terre a de bonnes raisons pour désirer d'être à l'église. Qu'avons-nous à faire avec les sorcières de terre et d'eau, ou toute autre sorcellerie, que nous restions sur ce brigantin maintenant qu'il est certain que ma nièce n'y est pas ? Et de plus, en admettant que nous ayons l'intention de faire un commerce quelconque, ce bâtiment ne contient aucune marchandise dont un homme du Manhattan puisse avoir besoin. La boue la plus épaisse de ton manoir est une terre où l'on peut marcher plus sûrement que sur le pont d'un vaisseau dont la réputation est si mauvaise.

Les scènes dont il était témoin produisaient un puissant effet sur van Staats de Kinderhoock. D'une imagination lente, mais d'une force colossale, il n'était pas facilement excité, soit à donner carrière à son imagination, soit à éprouver des craintes personnelles. Quelques années s'étaient seulement écoulées depuis que des hommes éclairés sous d'autres rapports ajoutaient foi à l'existence d'agents surnaturels qui étendaient leur pouvoir sur les affaires de cette vie; et, bien que les Nouveaux-Hollandais eussent échappé à cette contagion qui s'était si généralement répandue dans les provinces religieuses de la Nouvelle-Angleterre, une crédule superstition, moins active il est vrai, possédait l'esprit des colons hollandais les plus distingués, et même possède encore de nos jours leurs descendants. L'art de la divination était particulièrement en faveur, et il arrivait rarement qu'un événement inattendu affectât la fortune ou le bonheur des bons provinciaux, sans qu'ils s'en fissent expliquer la cause par un des devins les plus en renommée dans le pays. Les hommes dont les facultés sont peu actives aiment les émotions fortes parce qu'ils sont insensibles aux impressions moins puissantes, comme des hommes à tête forte trouvent du plaisir dans les liqueurs spiritueuses. Le patron appartenait à la classe des esprits lourds, et par conséquent il trouvait un plaisir secret, mais profond, dans sa situation présente.

— Nous ne savons pas quels résultats importants nous pouvons tirer de cette aventure, monsieur l'Alderman van Beverout, répondit Oloff van Staats, et j'avoue que j'éprouve le désir d'en voir et d'en entendre davantage avant que nous atteignions la terre. Cet Ecumeur de Mer est un homme bien différent de celui que les bruits de notre ville le font supposer, et, en restant, nous pourrons servir à rectifier l'opinion publique. J'ai entendu ma défunte et respectable tante...

— Coins du feu et traditions ! La bonne dame n'était pas une mauvaise pratique de ces sortes de gens, patron, et il est heureux qu'ils n'aient pas attrapé une meilleure partie de votre héritage, comme récompense. Vous voyez le Lust-in-Rust contre la montagne ; eh bien, tout ce qui est pour le public est à l'extérieur, et tout ce qui s'y passe pour ma propre satisfaction se fait derrière les portes. Mais voilà le capitaine Ludlow qui est chargé des affaires de la reine, et ce gentilhomme peut penser qu'il n'est pas loyal de perdre ainsi le temps dans ces jongleries.

— J'avoue que j'éprouve aussi le désir de voir comment tout cela se terminera, répondit sèchement le commandant de la Coquette. L'état du vent ne permet pas aux deux bâtiments de changer de position, et pourquoi ne pas avoir une connaissance plus exacte du caractère de ceux qui appartiennent à ce vaisseau extraordinaire ?

— Ah voilà ! murmura l'Alderman entre ses dents : cette curiosité conduit à tous les embarras de la vie. On n'est jamais sûr de rien avec ces fantaisies qui se jouent du mystère, comme une mouche étourdie vole autour d'une chandelle, jusqu'à ce qu'elle y laisse ses ailes.

Néanmoins, comme ses compagnons paraissaient disposés à rester, il n'y avait pour le bourgeois d'autre alternative que la patience. Quoique la crainte d'être compromis par quelque indiscrétion fût le sentiment le plus puissant de son cœur, il n'était pas entièrement dépourvu de la faiblesse qui portait Oloff van Staats à regarder et à écouter avec un intérêt mêlé d'un secret effroi. Ludlow lui-même était plus affecté qu'il n'aurait voulu l'avouer, par la situation étrange dans laquelle il était placé. Aucun homme n'est entièrement insensible à l'influence de la sympathie, n'importe de quelle manière elle exerce son pouvoir. Le jeune marin était d'autant plus convaincu de cette vérité, par l'extérieur grave et les manières attentives de tous les matelots du brigantin. Ludlow était un marin des plus distingués, et parmi les divers talents des hommes de sa profession, il avait celui de reconnaître la patrie d'un matelot, par ces signes généraux et distinctifs qui forment la prin-cipale différence entre des hommes auxquels la poursuite d'un but commun a créé à un haut degré un caractère particulier. A cette époque, la civilisation était peu étendue parmi ceux qui vivaient sur l'océan. Les officiers eux-mêmes n'étaient que trop remarquables par leurs manières rudes et hardies, leur peu d'instruction et l'obstination de leurs préjugés. Il n'était donc pas étonnant que les simples matelots eussent en général la plus grande ignorance sur les opinions qui éclairent peu à peu la société. Ludlow s'était aperçu, en montant sur le vaisseau, que l'équipage était composé d'hommes de différents pays. L'âge et le caractère personnel semblaient avoir été plus consultés dans leur choix que les distinctions nationales. On voyait parmi eux un Finlandais au visage ovale et crédule, à la taille forte et ramassée, à l'œil clair et dénué d'expression; un marin de la Méditerranée, au teint sombre, dont les traits réguliers étaient souvent troublés par les regards expressifs et inquiets qu'il portait sur l'horizon. Ces deux hommes s'étaient placés près des étrangers, sur le gaillard d'arrière, au moment où les sons harmonieux s'étaient fait entendre, et Ludlow attribuait cet incident au pouvoir de l'harmonie, lorsque le jeune Zéphir parut à leurs côtés, de manière à prouver que ce mouvement était plus significatif qu'il n'en avait l'apparence. L'arrivée de Tiller, qui invita les étrangers à entrer de nouveau dans la cabine, en donna l'explication, en montrant que ces deux hommes avaient aussi le désir de consulter celle qu'on prétendait avoir une si grande influence sur la fortune du brigantin.

Le groupe qui se rendit d'abord dans la petite antichambre était agité par diverses sensations. La curiosité de Ludlow était vive, dépourvue de crainte, et un peu mêlée d'un intérêt qu'on aurait pu appeler intérêt de métier, tandis que ses deux compagnons n'étaient pas dépourvus d'un respect intérieur pour le pouvoir mystérieux de la Sorcière. Les deux matelots manifestaient une passive obéissance, et l'enfant laissait voir sur ses traits ingénus l'effroi et la confiance du jeune âge. Maître Tiller était grave, et, ce qui paraissait plus étonnant encore, ses manières étaient respectueuses. Après un moment de délai, la porte fut ouverte par Seadrift lui-même, et il fit signe à la petite troupe d'entrer.

Un changement considérable avait eu lieu dans l'arrangement de la principale cabine. La lumière était entièrement exclue du côté de la poupe, et le rideau cramoisi avait été tiré devant l'alcôve. Une petite croisée qui jetait une faible lueur avait été ouverte sur le côté. Les objets sur lesquels tombaient sa lumière recevaient une nuance pourprée par la réverbération des lanternes.

Le contrebandier reçut ses hôtes avec un air modeste et grave ; il les salua en silence avec moins de légèreté dans ses manières qu'à leur première entrevue. Cependant Ludlow crut encore distinguer un sourire triste et forcé sur sa belle bouche, et le patron contempla ses traits enchanteurs avec l'admiration que lui eût inspirée une créature surnaturelle. L'Alderman ne trahissait ses sentiments que par des murmures de contrariété à demi réprimés et qui lui échappaient de temps en temps, malgré un certain respect qui prenait insensiblement de l'empire sur son mécontentement.

— On m'a dit que vous vouliez parler à notre maîtresse, dit le principal personnage d'une voix respectueuse. Il y en a d'autres aussi, à ce qu'il paraît, qui désirent consulter sa sagesse. Il y a maintenant plusieurs mois que nous n'avons eu d'entretien direct avec elle, quoique le livre soit toujours ouvert pour ceux qui désirent y lire. Vous avez assez de courage pour cette entrevue ?

— Les ennemis de Sa Majesté ne m'ont jamais reproché d'en manquer, répondit Ludlow en souriant d'une manière incrédule. Continuez vos charmes, afin que nous puissions juger.

—Nous ne sommes point des magiciens, monsieur, mais de fidèles marins qui obéissent au bon plaisir de leur maîtresse. Je sais que vous êtes sceptique, mais des hommes plus hardis ont confessé leurs erreurs devant un témoignage moins évident. Chut! nous ne sommes pas seuls. J'entends ouvrir et fermer les portes du brigantin.

Le jeune marin recula presque sur la même ligne où le groupe s'était posé, et attendit en silence les résultats de cette scène. Le rideau se leva au son du même instrument à vent, et Ludlow lui-même ressentit une émotion plus puissante que celle du simple intérêt, en regardant l'objet qui se présentait à sa vue.

Une figure de femme, revêtue, autant que possible, du costume de celle qui était au gouvernail du vaisseau, et posée dans la même attitude, occupait le centre de l'alcôve. Comme l'image sculptée, elle tenait un livre dont les pages étaient tournées vers les spectateurs, tandis qu'un de ses doigts s'avançait, et comme s'il eût indiqué la route du brigantin. La draperie vert de mer flottait derrière elle, comme agitée par le vent, et son visage avait la même couleur sombre ainsi que le même sourire malin.

Lorsque le saisissement qu'occasionna le premier coup d'œil fut passé, l'Alderman et ses compagnons se regardèrent avec surprise. Le sourire se montra plus ouvertement sur les lèvres du contrebandier, et il dit avec une expression de triomphe :

— Que celui qui a quelque chose à dire à la dame de notre vaisseau le déclare maintenant. Elle vient de loin à notre signal, et ne restera pas longtemps.

— Je voudrais savoir alors, dit Ludlow en faisant un effort pour respirer, comme un homme qui sort d'un étonnement subit et puissant, si celle que je cherche est dans le brigantin.

Celui qui jouait le rôle de médiateur dans cette cérémonie extraordinaire salua et s'avança près du livre, qu'il parut consulter et lire avec l'air d'un profond respect.

— En retour à votre question, on demande si c'est avec sincérité que vous cherchez celle à laquelle vous faites allusion.

Ludlow rougit ; la fermeté de la profession à laquelle il appartenait l'emporta sur la répugnance naturelle de l'amour-propre, et il répondit d'une voix calme :

— Oui, avec sincérité.

— Mais vous êtes marin. Les matelots placent souvent leurs affections dans le bâtiment qu'ils habitent. Votre attachement pour celle que vous cherchez est-il plus profond que l'amour de votre profession errante, que celui que vous éprouvez pour votre vaisseau, plus grand que vos jeunes espérances ; vous occupera-t-il davantage que cette gloire qui fait le sujet de tous les rêves d'un soldat?

Le commandant de la Coquette hésita ; après un moment de silence et de réflexion, il répondit :

— Cet attachement est celui qu'il convient à un homme d'éprouver.

Un nuage passa sur le front du questionneur, qui s'avança et consulta de nouveau les pages du livre.

— On vous demande encore si un événement récent n'a pas troublé votre confiance dans celle que vous cherchez.

— Troublé, mais non pas détruit.

La dame Vert-de-Mer s'agita, et le volume mystérieux trembla comme s'il eût été pressé de livrer ses oracles.

— Et pourriez-vous réprimer votre curiosité, votre fierté et tous les autres sentiments de votre sexe, et rechercher sa faveur sans lui demander d'explication, et comme par le passé?

— Je ferais beaucoup pour obtenir un regard de bonté d'Alida de Barberie, mais les conditions dont vous me parlez me rendraient indigne de son estime. Si je la retrouve comme je l'ai perdue, je dévouerai ma vie à son bonheur; dans un autre cas, cette existence serait employée à déplorer la chute d'un ange de beauté.

— Avez-vous jamais ressenti de la jalousie?

— Faites-moi d'abord connaître si j'en ai sujet! s'écria le jeune homme en s'avançant d'un pas vers la figure sans mouvement, avec l'intention évidente de pénétrer ce mystère.

La main du marin au châle des Indes l'arrêta avec la force d'un géant.

— Personne ne doit s'écarter du respect

voué à notre maîtresse, observa froidement le vigoureux marin.

Un regard enflammé fut la réponse de Ludlow ; puis se rappelant qu'il était sans défense, il essaya de maîtriser son ressentiment.

— Avez-vous jamais éprouvé de la jalousie? continua l'interrogateur d'un air calme.

— Quel est l'amant qui n'en a point éprouvé?

Pendant le silence qui suivit cette réponse, on entendit un doux soupir dans la cabine, sans que personne pût dire d'où il venait. L'Alderman regarda le patron, comme s'il pensait que le soupir avait été poussé par lui, et Ludlow surpris regarda autour de lui avec curiosité pour connaître quel était celui qui prenait un aussi tendre intérêt à la vérité de sa réponse.

— Vos réponses sont bien, dit le contrebandier après une pause plus longue que les autres ; et se tournant vers Oloff van Staats, il ajouta : Qui, ou que cherchez-vous?

— Nous sommes venus dans un but commun.

— Et cherchez-vous avec sincérité ?

—Je désirerais trouver ce que jecherche.

— Vous possédez beaucoup de terres et de maisons ; celle que vous cherchez vous est-elle plus chère que vos biens ?

— Je tiens aux uns et à l'autre, ,car un homme ne voudrait pas réduire à la misère une femme qu'il aime.

— Hem ! dit l'Alderman avec un bruit qui remplit la cabine ; puis étonné lui-même de cette interruption, il salua involontairement la figure sans mouvement du fond de l'alcôve en forme d'excuse, et reprit sa tranquillité.

— Il y a plus de prudence que d'ardeur dans votre réponse. Avez-vous jamais éprouvé de la jalousie ?

— Bien souvent ! s'écria Myndert avec feu. J'ai vu ce monsieur gémir comme une ourse qui a perdu ses petits, lorsque ma nièce souriait à l'église, quoique ce fût seulement pour répondre au salut d'une vieille dame. Philosophie et tranquillité ! patron, qui diable sait si Alida n'entend pas cet interrogatoire ? Alors tout son sang français doit bouillir en voyant que, chez vous, tout est aussi régulier qu'une horloge.

— La recevriez-vous sans vous informer des événements passés ?

— Oui, oui, j'en réponds, reprit l'Alderman ; M. van Staats fait honneur à tous ses engagements aussi ponctuellement que la meilleure maison d'Amsterdam.

Le livre trembla de nouveau, mais il semblait que ce mouvement n'annonçait aucune satisfaction.

— Que désires-tu de notre maîtresse ? demanda le contrebandier au matelot aux cheveux blonds.

— Je me suis engagé avec quelques marchands de mon pays, et je voudrais un vent qui pourrait transporter le brigantin à travers le passage.

— Va : la Sorcière des Eaux mettra à la voile lorsqu'il en sera temps. Et vous?

— Je désire savoir si quelques peaux que j'ai achetées la nuit dernière pour mon compte particulier me rapporteront du profit.

— Confie-toi dans la dame Vert-de-Mer pour tes spéculations. Quand laissa-t-elle faire un mauvais marché? Enfant, qui t'amène ici?

Le jeune garçon trembla, et il se passa quelque temps avant qu'il pût trouver le courage de répondre.

— On me dit que c'est si étrange d'être sur la terre ferme!

— Obstiné, on vous a déjà répondu. Quand d'autres iront, vous irez avec eux.

— On dit qu'il est si agréable de goûter aux fruits en les cueillant aux arbres?

— Tu as une réponse. Messieurs, notre maîtresse va nous quitter. Elle sait qu'un de vous a menacé son brigantin favori de la colère d'une reine terrestre, mais il est au dessous d'elle de répondre à des paroles aussi vaines. Écoutez, sa suite l'attend.

On entendit encore une fois l'instrument à vent, et le rideau se détacha lentement. Un bruit soudain et violent ressemblant à une porte massive ouverte et fermée avec force succéda, et tout rentra dans le silence. Lorsque la Sorcière eut disparu, le contrebandier reprit sa première aisance, parlant et agissant avec plus de naturel. L'Alderman van Beverout tira un long soupir de sa poitrine, comme une personne qui revient à la vie. Le marin au châle des Indes lui-même reprit ses premières habitudes ; les deux matelots et l'enfant s'éloignèrent.

— Peu d'entre ceux qui portent cette livrée ont vu la dame de notre brigantin, dit le contrebandier en s'adressant à Ludlow. C'est une preuve qu'elle a moins d'aversion pour votre croiseur qu'elle n'en éprouve ordinairement pour les longs pavillons qu'elle rencontre quelquefois.

— Ta maîtresse, ton vaisseau et toi-même, vous êtes tous fort amusants, répondit le jeune officier avec un sourire incrédule et un peu de la fierté de son rang. Nous verrons si vous continuerez longtemps cette plaisanterie aux dépens des douaniers de Sa Majesté.

— Nous nous confions au pouvoir de la Sorcière des Eaux. Elle a adopté notre brigantin pour sa demeure, lui a donné son nom, et le guide de ses propres mains. Ce serait de la faiblesse que de douter avec une protection semblable.

— Nous aurons peut-être l'occasion d'essayer sa vertu. Si elle était une divinité des eaux, sa robe serait bleue. Tout ce qui a cette nuance ne pourrait échapper à la Coquette.

— Ne sais-tu pas que la couleur des eaux varie suivant les différents climats? Nous étions sûrs que vous auriez des réponses à vos questions. L'honnête Tiller va vous conduire à terre, et, en passant, le livre peut encore être consulté. Je ne doute pas qu'elle ne vous laisse quelque nouveau souvenir de sa visite.

Le contrebandier salua et se retira derrière le rideau avec l'air d'un souverain qui met un terme à une audience, quoiqu'il retournât la tête avec curiosité, comme s'il eût voulu deviner l'effet que cette entrevue avait produit. L'Alderman et ses compagnons se retrouvèrent dans le bateau, avant qu'une parole eût été échangée entre eux. Obéissant au signal de maître Tiller, ils avaient suivi ce dernier et quitté le beau brigantin, comme des hommes qui réfléchissaient à ce qu'ils avaient vu.

Nous en avons dit assez dans le cours de cette histoire pour prouver que Ludlow se méfiait des choses dont il avait été témoin, bien qu'il ne pût s'empêcher d'en éprouver la plus grande surprise. Il n'était pas entièrement dépourvu de cette superstition, qui était alors si commune parmi les marins; mais l'éducation et son bon sens naturel lui permettaient d'arracher à son imagination cet amour du merveilleux, qui est plus ou moins le partage de tous les matelots. Il faisait mille conjectures sur tout ce qui venait de se passer, et pas une d'elles n'était vraie, quoique chacune pendant un moment semblait satisfaire sa curiosité en même temps qu'elle augmentait son désir d'approfondir ce mystère. Quant au patron de Kinderhook, il n'avait jamais avant ce jour éprouvé autant de plaisir. Il jouissait de tout ce qu'une émotion forte peut produire sur les esprits lourds, et il ne désirait ni la solution de ses doutes, ni devenir le témoin de recherches qui pourraient détruire de si agréables illusions. Son imagination était remplie de l'image sombre de la Sorcière; et lorsqu'elle ne s'occupait pas de cet objet surnaturel, il voyait les beaux traits, le sourire équivoque, et l'air séduisant de son ministre presque aussi admirable qu'elle.

Lorsque le bateau fut à une faible distance du vaisseau, Tiller se leva, et regarda avec complaisance la perfection de la carène et des agrès.

— Notre maîtresse a équipé et a envoyé sur l'immense océan bien des barques, dit-il, mais jamais il n'y en eut d'aussi charmante que celle-ci, capitaine Ludlow; il y a eu un double commerce entre nous, et celui qui suivra dépendra de notre adresse, de nos talents comme marins, et du mérite de nos deux bâtiments. Vous servez la reine Anne, et moi la dame Vert-de-Mer; que chacun soit fidèle à sa maîtresse, et que Dieu récompense celui qui l'a mérité! Voulez-vous consulter le livre avant cette épreuve?

Ludlow fit signe qu'il y consentait, et le bateau approcha de la figure du gouvernail. Il fut impossible à l'Alderman et à ses compagnons de maîtriser le sentiment qui s'empara d'eux, lorsqu'ils aperçurent cette figure sans mouvements. L'image mystérieuse paraissait douée d'intelligence, et son sourire avait l'air encore plus ironique qu'auparavant.

— Vous avez fait la première question, et vous devez avoir la première réponse, dit Tiller en faisant signe à Ludlow de consulter la page ouverte. Notre maîtresse parle principalement en vers ; elle choisit ceux de nos vieux écrivains dont les pensées nous sont presque aussi communes qu'à la nature humaine.

— Que veut dire ceci ? dit Ludlow avec vivacité.

Celle que vous accusiez, regardez, elle vous est rendue.
Aimez-la, Angelo ;
Je l'ai confessée, et je connais sa vertu.

Voilà des paroles très-claires ; mais j'aimerais mieux qu'un autre prêtre confessât celle que je chéris.

— Chut ! vous avez le sang vif, et il s'échauffe facilement. Notre dame n'aime pas qu'on commente ses oracles. Venez, maître patron, tournez la page avec le bambou, et voyez ce que la fortune vous amènera.

Oloff van Staats souleva son bras vigoureux avec l'hésitation et la curiosité d'une jeune fille. Il était facile de lire dans ses yeux l'émotion agréable qu'il ressentait; mais on pouvait juger en même temps de tous les préjugés d'une mauvaise éducation par la gravité que conservait le reste de ses traits. Il lut à voix haute :

J'ai une proposition à vous faire qui importe à votre bonheur: et si vous voulez incliner une oreille docile, ce qui est à moi est à vous, ce qui est à vous est à moi.

Ainsi allons à notre palais, où nous montrerons ce qui est encore caché, ce que chacun devrait connaître.

Mesure pour mesure.

— C'est fort bien arrangé et mieux dit encore. Quoi! ce qui est à vous est à moi, et ce qui est à moi est à vous? c'est là *mesure pour mesure*; en vérité, patron, s'écria l'Alderman, on ne peut faire un marché plus équitable, lorsque les biens sont d'égales valeurs. Voilà réellement un admirable encouragement. Maintenant, maître Tiller, nous allons prendre terre et nous diriger vers le Lust-in-Rust, qui doit être le palais auquel on fait allusion dans les vers. Ce qui est caché doit être Alida, cette fille tourmentante, qui joue à cache-cache avec nous, pour satisfaire sa vanité de femme, en montrant qu'elle a le pouvoir de rendre malheureux trois hommes graves et sur un certain pied dans le monde. Laissez aller le bateau, maître Tiller, puisque tel est votre nom, et bien des remercîments pour votre politesse.

— Ce serait une grave offense que de quitter notre maîtresse sans savoir tout ce qu'elle a à nous dire. C'est maintenant votre tour, digne Alderman, et le bambou fera son office entre vos mains comme entre les mains d'un autre.

—Je méprise une vaine curiosité, et je me contente de savoir ce que l'expérience et la prudence nous enseignent, reprit Myndert. Il y a des hommes dans le Manhattan toujours à l'affût de ce qui peut arriver au crédit de leurs voisins, comme des grenouilles qui tiennent leur nez hors de l'eau; mais c'est assez pour moi de connaître le contenu de mes livres et l'état du marché.

—Il n'en sera pas ainsi : cela peut suffire à une conscience tranquille comme la vôtre, monsieur ; mais nous autres du brigantin nous ne pouvons badiner avec notre maîtresse. Un coup de canne vous apprendra si les visites de la Sorcière des Eaux vous seront favorables.

Myndert hésita. On a dit que, comme la plupart de ceux qui avaient la même origine que lui, il éprouvait un secret penchant pour l'art de la divination, et les paroles du héros au châle des Indes avaient fait allusion aux profits de son commerce secret. Il prit le bambou qui lui était offert, et lorsque la page fut tournée, ses yeux étaient déjà prêts à lire son contenu. Il n'y avait qu'une ligne tirée de la comédie bien connue de *Mesure pour mesure :*

Proclamez-le, prévôt, tout autour de la ville.

Dans son ardeur, Myndert avait lu l'oracle à haute voix, puis il retomba sur son siége, affectant de rire d'une chose qu'il regardait comme un enfantillage.

— Proclamer! moi ? Point de proclamations. C'est dans un temps d'hostilité et de danger public qu'on pourrait aller proclamer ses nouvelles par les rues! *mesure pour mesure*, en vérité ! Écoutez-moi, maître Tiller : cette dame Vert-de-Mer que vous prônez tant n'est pas meilleure qu'une autre, et, à moins qu'elle ne change de commerce, aucun honnête marchand n'aimera être vu dans sa compagnie. Je ne crois point à la nécromancie, quoique le passage se soit certainement ouvert cette année d'une manière extraordinaire... Et ainsi j'ajoute peu de foi à ses paroles. Mais quant à dire rien de moi ou des miens à la ville, à la campagne, en Hollande, en Amérique, qui puisse ébranler mon crédit, je l'en défie! Cependant, comme je n'aimerais pas avoir des histoires insignifiantes à contredire, je conclurai en vous disant que vous ferez bien de lui fermer la bouche.

— Peut-on arrêter un ouragan ou un tourbillon ? La vérité se montre dans son livre, et celui qui le lit doit espérer de la trouver. Capitaine Ludlow, vous êtes maître de vos actions, car le passage ne se trouve plus entre vous et votre croiseur. Derrière cette petite hauteur est le bateau et l'équipage que vous avez perdus. Vos gens vous attendent. Maintenant, messieurs, nous laissons le reste aux soins de la dame Verte, à notre adresse et aux vents! Je vous salue.

Au moment où ses compagnons atteignirent la terre, le héros au châle des Indes la quitta avec son bateau, et en moins de cinq minutes on vit la barque suspendue par ses cordages à la poupe du brigantin.

CHAPITRE XVII.

> Tel qu'Arion sur le dos du dauphin, je le vis faire connaissance avec les vagues aussi longtemps que je pus l'apercevoir.
>
> SHAKSPEARE, *la Tempête.*

Il y avait un observateur curieux, quoiqu'à demi désorienté, sur la Cove pendant la matinée en question. Ce personnage n'était autre que l'esclave appelé Bonnie, *factotum* de son maître sur les domaines de Lust-in-Rust, lorsque la ville réclamait la présence de l'Alderman, ce qui arrivait au moins les quatre cinquièmes de l'année. La responsabilité et la confiance dont il était investi avaient produit leur effet sur ce nègre, comme sur un esprit plus civilisé. Habitué à des devoirs qui exigeaient une grande surveillance, la pratique avait produit une habitude de vigilance et d'observation qui est assez rare dans des hommes de sa malheureuse condition. Il n'y a point de vérité morale plus certaine que celle qui prouve que les hommes, lorsqu'ils sont une fois habitués à cette espèce de domination, soumettent leur esprit aussi promptement que leur corps à surveiller les autres. C'est ainsi que nous voyons des nations entières entretenir des maximes erronées, simplement parce qu'il convient aux intérêts de ceux qui font l'opinion de transmettre ces erreurs à leurs descendants. Heureusement, néanmoins, pour l'amélioration de la race humaine et l'avancement de la vérité, il est seulement nécessaire de donner à un homme l'occasion d'exercer ses facultés pour en faire un être pensant, et sous quelques rapports un homme indépendant. Telle avait été la conséquence, quoique dans des limites bien peu étendues, chez l'esclave que nous venons de nommer.

Il est inutile de dire jusqu'à quel point

Bonnie avait été employé dans ce qui s'etait passé entre son maître et les marins du brigantin. Il arrivait peu de choses à la villa dont il ne fût pas instruit, et comme la curiosité une fois éveillée ne se réprime plus que difficilement, si ses désirs eussent été consultés, il se serait passé peu de choses dans tous les environs sans qu'il connût leur nature. Il avait vu, pendant qu'il était occupé à son travail ordinaire, dans le jardin de l'Alderman, le trio qu'Érasme avait conduit au-delà du passage, avait surveillé les mouvements de son maître et de ses deux compagnons lorsqu'ils se rendaient à l'ombrage du chêne, et enfin les avait vus entrer sur le brigantin. Cette visite extraordinaire à bord d'un vaisseau qui était habituellement enveloppé d'un si grand mystère, faisait naître différentes conjectures dans l'esprit du noir. On eût pu voir qu'il n'était pas dans son état ordinaire, par la manière dont il s'arrêtait souvent au milieu de son travail, s'appuyant sur le manche de sa houe comme une personne qui se livre à ses méditations. Il n'avait jamais vu son maître s'ecarter de sa prudence habituelle, au point de quitter sa demeure pendant les visites accidentelles du contrebandier; et, tandis qu'il était entre les griffes du lion, il se rendait sur le contrebandier lui-même, accompagné par le commandant d'un croiseur royal. Il n'est donc pas étonnant que la curiosité du nègre devînt plus active, et qu'il ne laissât échapper aucune circonstance. Pendant tout le temps qui s'était écoulé dans la visite qui fait le sujet du chapitre précédent, il ne se passa pas une minute sans que les regards du noir ne prissent, soit la direction du brigantin, soit celle de la côte adjacente.

Il est inutile de dire combien l'attention du nègre redoubla lorsqu'il vit revenir son maître et ses compagnons. Ils se rendirent aussitôt au pied du chêne, et alors il y eut entre eux une longue et sérieuse conférence. Pendant cette conversation, le nègre laissa tomber le manche de sa houe, et ses yeux ne quittèrent pas le pied du chêne. Il se donna à peine le temps de respirer jusqu'à ce que le petit groupe eût quitté le tronc de l'arbre et eût disparu derrière le bosquet qui couvrait le cap, se dirigeant vers son extrémité du côté du nord, au lieu de se retirer par la terre de la Cove, vers le passage. Alors Bonnie respira librement, et commença à regarder les différents objets qui étaient autour de lui, et qui donnaient un nouvel intérêt à la scène.

Le brigantin avait attaché sa chaloupe, et restait, comme auparavant, beau, gracieux, mais sans mouvement, et, en apparence, n'ayant aucune intention de changer de place. Sans l'ordre admirable et la symétrie qui régnaient dans ce bâtiment, on eût pu douter qu'il fût habité par un être humain. Le croiseur royal, moins aérien, présentait la même apparence de repos. La distance entre les deux navires était d'environ une lieue, et Bonnie était assez familier avec la forme des côtes et la position des deux vaisseaux pour être convaincu que cette inactivité, de la part de ceux dont le devoir était de protéger les droits de la reine, venait de leur ignorance sur la proximité du voisinage des deux bâtiments. Le bosquet qui bordait la Cove, et les chênes et les ins qui s'élevaient le long de l'étroite langue de terre tout-à-fait à son extrémité, rendaient cette supposition plausible. Le nègre, après avoir contemplé pendant quelques minutes les deux vaisseaux stationnaires, tourna ses regards vers la terre, secoua la tête, et partit d'un éclat de rire si bruyant, qu'il engagea sa noire compagne à placer son visage hagard et circulaire à une fenêtre ouverte du lavoir de la villa, pour demander la raison d'une gaîté qui lui semblait un peu inconvenante.

— Hé! cria la mégère, toi garder les choses drôles pour toi seul, Bonnie ! Moi, bien aise quand voir vieux os se servir de la houe, et moi m'étonner que toi avoir le temps de rire dans un jardin plein de mauvaise herbe.

— Ho! s'écria le nègre en avançant un bras dans l'attitude d'un orateur, femme noire savoir rien en politique! Si elle avoir le temps de parler, elle mieux faire de cuire le dîner. Moi te dire une chose, Phillis, et la voilà : pourquoi vaisseau à capitaine Ludlow pas lever l'ancre et venir prendre ce coquin dans la Cove? Toi pouvoir dire ou non? Si toi pas pouvoir, toi laisser un homme qui le comprend rire autant que cela plaît à lui. Un peu de gaîté pas faire de mal à la reine Anne, et pas tuer le gouverneur.

— Beaucoup travailler et pas dormir rendent vieux os malades. Bonnie, dix heures... minuit... trois heures, et point de lit. Moi voir le soleil avant que vieux fou mettre sa tête sous l'oreiller. Et maintenant la houe aller tout de même que si lui dormir. Masser Myndert avoir un cœur, et pas désirer tuer noirs à lui avec ouvrage, ou vieille Phillis être morte depuis cinquante ans cet hiver.

— Moi croire que langue de femme jamais être satisfaite. Faut-il dire à tout le monde quand Bonnie aller au lit? Lui dormir pour lui-même, et lui pas dormir pour ses voisins. Un homme pas pouvoir penser à toutes choses en même temps. Tiens, voilà un ruban assez long pour pendre toi... Toi prendre, et toi ressouvenir que Phillis avoir un mari qui a beaucoup de soins sur les épaules à lui.

Bonnie partit alors d'un nouvel éclat de rire, auquel sa compagne, qui avait quitté le lavoir pour se saisir du présent, qui ressemblait par ses couleurs à la peau d'un serpent, répondit dans l'excès de son plaisir. L'effet de cè don fut de permettre au nègre de se livrer de nouveau à ses observations sans être interrompu par une personne qui n'était que trop portée à troubler sa solitude.

Il vit alors un bateau sortir des broussailles qui bordaient le rivage, et Bonnie distingua près de la poupe son maître, Ludlow et le patron. Il avait été informé de la capture de la barque appartenant à la Coquette, la nuit précédente, et de la prise de l'équipage. Son apparition dans ce lieu n'occasionna donc aucune nouvelle surprise à Bonnie. Mais le temps qui s'écoula pendant que les marins ramaient vers le bâtiment de guerre fut rempli pour lui du plus grand intérêt. Le noir abandonna sa houe et prit une position, sur le revers de la montagne, qui lui procurait une vue entière de la baie. Aussi longtemps que les mystères du Lust-in-Rust avaient été bornés aux combinaisons d'un commerce secret, il les avait parfaitement compris; mais maintenant qu'il paraissait exister une alliance aussi peu naturelle que celle de son maître et du croiseur de la couronne, il sentait la nécessité de rassembler tout son talent d'observation.

Un esprit plus éclairé que celui du noir aurait pu être intéressé par l'attente et par les objets qui se présentaient, surtout s'il eût été préparé aux événements par la connaissance des deux vaisseaux qui étaient en vue. Quoique le vent fût toujours à l'est, le nuage au dessus de l'embouchure du Rariton commençait enfin à se lever. Les légères vapeurs blanches qui avaient été suspendues pendant toute la matinée sur le continent s'unissaient avec rapidité, et elles formaient déjà une masse sombre et dense qui flottait à l'extrémité du détroit, menaçant de couvrir bientôt toute l'étendue de ses eaux. L'air devenait plus léger et plus variable; et tandis que le mugissement des vagues s'élevait par degrés, les flots battaient le rivage avec moins de régularité que dans les meilleures heures de la matinée. Tel était l'état des deux élements lorsque la chaloupe toucha les flancs du vaisseau. Dans un instant elle fut enlevée par ses cordages, suspendue dans l'air, et disparut au milieu de la masse sombre du bâtiment.

L'intelligence de Bonnie n'alla pas jusqu'à découvrir de nouveaux préparatifs dans l'un ou l'autre des deux vaisseaux qui absorbaient son attention. Ils lui parurent être sans mouvement et également déserts. Il y avait, il est vrai, quelques objets indistincts parmi les agrès de la Coquette, qui pouvaient bien être des hommes; mais l'éloignement empêchait Bonnie d'être certain de ce fait; et, en admettant que ce fussent des matelots occupés, son œil ignorant n'apercevait aucun résultat visible de leur présence. Après une minute ou deux ces objets disparurent, quoique le noir attentif s'aperçût que les têtes de mâts et les agrès au dessous semblaient entourés d'une masse plus épaisse de cordages. Dans ce moment sortit une lueur de nuage, au dessus du Rariton, et le son d'un tonnerre lointain résonna sur les eaux. Ce bruit parut être un signal pour le croiseur ; car lorsque l'œil de Bonnie, qui s'était dirigé vers le ciel, se tourna vers le bâtiment, il vit que la Coquette avait hissé ses trois voiles de hune, et commençait à se mouvoir comme un aigle qui étend ses ailes. Le vaisseau parut de plus en plus agité, car le vent venait par bouffées, et le bâtiment se balançait légèrement, comme s'il eût essayé de se débarrasser de son ancre. Au moment précis où le vent changea et où la brise vint du nuage qui était à l'ouest, la Coquette s'élança hors de ses limites et parut pendant un instant aussi rétive qu'un coursier qui vient de briser ses liens. Elle vint pesamment se présenter au vent et resta balancée par l'action de ses voiles. Il y eut une ou deux autres minutes d'inactivité apparente, après lesquelles les larges surfaces des voiles de hune furent amenées en lignes parallèles. Une voile fut montée après l'autre sur le bâtiment, et Bonnie vit enfin la Coquette, le plus rapide croiseur de la couronne dans ces mers, s'élancer sous un nuage de voiles.

Pendant ce temps, le brigantin était tranquillement à l'ancre dans la Cove. Lorsque le vent se fit sentir, sa carène légère se balança dans les courants, et l'on vit la dame Vert-de-Mer présenter ses joues bronzées à la brise. Mais elle seule paraissait veiller à la fortune de ses protégés, car on ne voyait personne s'occuper du danger qui commençait à menacer si sérieusement l'équipage, danger qui venait autant de l'état des cieux que d'un ennemi non moins redoutable et plus intelligent.

Comme le vent était frais, quoique indécis, la Coquette voguait sur l'onde avec une rapidité qui ne faisait aucun tort à la réputation qu'elle avait acquise. Il sembla d'abord que l'intention du croiseur royal était de tourner autour du cap et de gagner le large dans la pleine mer, car l'avant était directement vers le nord ; mais à peine eut-elle décrit une ligne courbe de la petite crique qui, par sa forme, est connue sous le nom de fer à cheval, qu'on le vit s'avancer dans *l'œil* du vent et courir avec la grâce et l'aisance d'un vaisseau en relâche, l'avant tourné vers le Lust-in-Rust. Ses desseins contre le contrebandier devinrent alors trop évidents pour admettre aucun doute.

Cependant la Sorcière des eaux ne trahissait point le moindre symptôme d'alarmes. L'œil expressif de la dame Vert-de-Mer semblait étudier le mouvement de son adversaire avec l'attention d'un être intelligent, et de temps en temps le brigantin se tournait légèrement dans les courants d'air variés, comme si une volonté cachée eût dirigé les mouvements du petit vaisseau. Ces mouvements ressemblaient à ceux du petit chien de chasse lorsqu'il lève la tête dans son chenil pour écouter quelque son lointain, ou pour saisir un parfum passager apporté par le vent.

Pendant ce temps, les progrès du vaisseau étaient si rapides, que le nègre secoua la tête avec un regard plus significatif encore et plus important qu'à l'ordinaire. Tout était propice à son approche; et, comme l'eau de la Cove, pendant l'espace de temps que le passage restait ouvert, était assez profonde pour y permettre l'entrée d'un vaisseau de gros calibre, le fidèle Bonnie commença à craindre un coup sévère pour le commerce à venir de son maître. La seule espérance qui lui restait pour le salut du contrebandier était le changement de l'état du ciel.

Bien que le nuage menaçant eût quitté l'embouchure du Rariton et roulât vers l'ouest avec une rapidité effrayante, il ne s'était pas encore rompu. L'air avait la chaleur et l'apparence qui précède un orage ; mais, à l'exception de larges gouttes d'eau qui tombaient d'un nuage clair en apparence, c'était ce qu'on appelle une rafale sèche. Les eaux de la baie paraissaient par moments sombres, courroucées, vertes, et dans d'autres instants on aurait pu croire que de pesants courants d'air descendaient sur leur surface pour essayer leur pouvoir. Malgré ces sinistres présages, la Coquette poursuivait sa course sans diminuer d'une ligne la large surface de ses voiles. Ceux qui gouvernaient ses mouvements n'étaient point des hommes indolents de l'Orient ni des mers enchantées du Midi, qui s'arrachent les cheveux ou appellent les saints dans les moments d'alarmes, mais des marins faits à une mer capricieuse, et habitués à placer leur principal espoir dans un courage aidé de la vigilance et de l'habileté que donne une longue expérience. Cent yeux à bord du croiseur surveillaient l'approche du nuage, ou regardaient le jeu de lumière et d'ombre qui faisait varier la couleur de l'eau; mais c'était avec calme et avec une entière confiance dans les talents du jeune officier qui avait le commandement du vaisseau.

Ludlow se promenait sur le tillac avec sa tranquillité habituelle, autant qu'on pouvait en juger par son extérieur, quoique en réalité son esprit fût agité par des sentiments qui n'avaient rien de commun avec les devoirs de sa place. Il avait aussi jeté quelques regards sur l'orage qui s'approchait, mais ses yeux étaient plus souvent arrêtés sur le paisible brigantin toujours à l'ancre, et qu'on voyait alors distinctement du pont de la Coquette. Le cri, Un étranger est dans la Cove! qui était parti un instant du haut du vaisseau, ne causa aucune surprise au commandant, tandis que l'équipage étonné, mais obéissant, commença à comprendre le but des étranges manœuvres du bâtiment. L'officier dont le grade était immédiatement au dessous de celui du capitaine n'avait pas osé lui-même faire aucune question ; mais lorsque l'objet de leur course fut en vue, il s'enhardit à faire cette remarque sur le caractère du bâtiment.

— Voilà un joli navire ! observa le grave lieutenant en cédant à une admiration naturelle à son état, et il pourrait servir de yacht à la reine. C'est un bâtiment qui se joue sans doute des revenus de la couronne, ou peut-être un boucanier des îles. Il ne montre aucune couleur.

— Avertissez-le, monsieur, de son devoir envers un homme revêtu d'une commission royale, répondit Ludlow, parlant par habitude et ne sachant qu'à moitié ce qu'il disait. Il faut apprendre à ces corsaires à respecter notre pavillon.

Le bruit d'un coup de canon fit revenir Ludlow de sa distraction, et lui rappela l'ordre qu'il venait de donner.

— Ce canon était-il chargé à boulet ?

demanda-t-il d'un ton qui ressemblait à un reproche.

— Oui, mais on a pointé dans le vide, monsieur; c'est seulement un avertissement. Nous ne sommes pas muets sur la Coquette, capitaine Ludlow.

— Je ne voudrais pas faire du tort à ce bâtiment, même s'il était un boucanier. Ayez soin que rien ne le touche, à moins que vous n'en receviez l'ordre.

— En effet, monsieur, ce serait mieux de prendre cette beauté en vie; un si joli vaisseau ne doit point être brisé comme une vieille carène. Ah! il se soumet enfin. Il montre un champ blanc. Ce coquin serait-il français, après tout?

Le lieutenant prit une lunette et la posa un instant devant ses yeux avec son calme ordinaire; puis il laissa tomber l'instrument, et on eût dit qu'il essayait de se rappeler les différents pavillons qu'il avait jamais vus pendant une expérience de bien des années.

— Ce mauvais plaisant doit venir de quelques terres inconnues, dit-il. Il y a une femme sur son champ, avec un vilain visage encore, à moins que la lunette ne me joue un tour. Sur mon existence, le coquin a la copie de cette image au sommet de l'éperon! Voulez-vous regarder cette femme, monsieur ?

Ludlow prit la lunette, et ce ne fut pas sans curiosité qu'il la tourna vers le pavillon que l'audacieux contrebandier osait élever en présence d'un croiseur. Les vaisseaux étaient en ce moment assez près l'un de l'autre pour lui permettre de distinguer les traits sombres et le sourire malin de la dame Vert-de-Mer, dont la figure était peinte dans le champ de l'enseigne avec le même art qu'il avait remarqué sur différents objets du brigantin. Confus de l'audace du contrebandier, il rendit la lunette, et continua à se promener en silence sur le pont.

Il y avait près de lui et du lieutenant un officier dont les cheveux et la taille légèrement courbée commençaient à éprouver l'influence du temps, et qui par sa position avait entendu sans le vouloir ce qui s'était dit. Quoique l'œil de ce personnage, qui était le contre-maître du sloop, abandonnât rarement le nuage qui recélait la tempête, excepté pour regarder l'immense masse de voiles qui étaient étendues, il trouva un moment pour contempler le vaisseau étranger.

— Un brigantin demi-gréé avec son mât de petit perroquet en arrière; une double barre verticale avec un pic dormant, observa le marin aux termes techniques, comme un autre eût parlé du teint et des traits d'individus dont il aurait fait une description particulière. La coquine n'a point besoin de montrer son visage basanné pour être reconnue. Je lui ai donné la chasse dans la Manche pendant trente-six heures, pas plus tard que la saison dernière, et ce bâtiment courait autour de nous comme un dauphin jouant sous le ringeot d'un vaisseau. Nous l'avions tantôt sous le boussoir du vent, quelquefois à la traverse de notre course, et tout d'un coup sur notre houache, comme une poule et ses poussins tournent de tous côtés pour avoir des miettes. Il a l'air assez enfermé dans la Cove, et cependant je parierais la paie d'un mois sur douze, qu'il nous échappera. Capitaine Ludlow, le brigantin qui est là, sous notre vent, est le fameux Écumeur de Mer!

— L'Ecumeur de Mer! répétèrent vingt voix d'une manière à prouver l'intérêt que causait cette nouvelle.

— Je le jurerais devant tous les juges de l'amirauté, soit en Angleterre, soit en France, si c'était nécessaire. Mais il n'y a pas besoin de serment, puisque voilà des détails écrits que je me suis procurés de mes propres mains, ayant la chasse en vue et en plein midi.

En parlant ainsi, le contre-maître tira une tabatière de sa poche, et, écartant diverses notes, il prit un mémorandum dont la couleur rivalisait avec celle du tabac. — Maintenant, messieurs, ajouta-t-il, vous aurez la description de sa structure comme si le maître charpentier l'avait prise avec sa mesure. — « Rappelez-vous d'apporter un manchon de marte d'Amérique pour Mrs Trysail... Achetez-le à Londres, et jurez... » — Ce n'est pas là le papier... — J'ai laissé votre garçon, M. Luff, arrimer pour moi la dernière entrée de tabac, et le jeune chien a dérangé tous les documents qui m'appartenaient. C'est ainsi que les comptes du gouvernement s'embrouillent lorsque le parlement veut les vérifier. Mais je suppose qu'il faut que la jeunesse ait son temps. J'ai lâché moi-même un chat dans une église un samedi soir, lorsque j'étais jeune, et il fit un si grand ravage parmi les livres de prières, que la paroisse en fut troublée pendant six mois et qu'il en résulta une querelle entre deux vieilles dames, querelle qui n'est pas encore terminée aujourd'hui...—Ah! j'y suis : «Ecumeur de Mer. Agrès pleins avec les basses voiles en arrière; une voile enverguée sur un pic; très-haut dans ses espars ; léger de poids ; soigné dans ses drisses, et aussi beau qu'aucun bâtiment. Il porte une bonnette en dehors de la grande voile quand le temps est léger ; la grande vergue comme les huniers d'une frégate, avec les étais du mât de hune aussi gros que le grand foc ; enfoncé dans l'eau, avec une figure de femme pour ornement. Il porte des voiles plutôt comme s'il était dirigé par le diable que par un être humain, et reste à cinq points quand il navigue sur le vent. » Voilà une description à l'aide de laquelle une fille d'honneur de la reine Anne pourrait reconnaître le coquin, et vous pouvez voir tous les signes que j'ai constatés aussi clairement que la nature humaine peut les montrer sur un vaisseau.

— L'Écumeur de Mer! répétèrent les jeunes gens, qui se pressaient autour du vétéran afin d'écouter la description caractéristique du fameux contrebandier.

— Écumeur ou coureur, nous l'avons maintenant immobile sous notre vent, avec un banc de sable de trois côtés et le vent dans son œil, s'écria le premier lieutenant. Vous aurez l'occasion, maître Trysail, de rectifier vos détails en prenant vos mesures sur le bâtiment lui-même.

Le contre-maître secoua la tête, comme un homme qui doute, et tourna de nouveau ses regards vers le nuage.

A ce moment, la Coquette était arrivée à l'entrée de la Cove, et n'était plus séparée de l'objet de sa course que par la longueur de quelques câbles. Pour obéir aux ordres donnés par Ludlow, on retira toutes les voiles légères du vaisseau, qui resta avec les trois huniers et le grand foc. Il y avait encore une question à résoudre sur la profondeur du canal, car il n'était pas ordinaire de voir des vaisseaux du calibre de la Coquette dans cette partie de la baie, et l'état menaçant du ciel rendait la prudence doublement nécessaire. Le pilote redoutait une responsabilité qui n'appartenait pas positivement à sa charge, puisque la navigation ordinaire n'avait aucun rapport avec ce lieu solitaire; et Ludlow lui-même, quoique stimulé par des motifs bien puissants, hésitait à courir des risques qui excédaient ses pouvoirs. Il y avait quelque chose de si remarquable dans l'apparente sécurité du contrebandier, qu'on était naturellement porté à croire qu'il était certain d'être protégé par quelque obstacle qui lui était connu, et Ludlow se décida à faire jeter la sonde avant de hasarder le vaisseau. L'offre d'amener le contrebandier avec les bateaux, quoique raisonnable en elle-même, et peut-être le plus sage parti de tous, fut rejeté par le commandant comme un projet d'une issue incertaine, mais en réalité parce qu'il portait un trop vif intérêt à celle qu'il y croyait renfermée pour consentir à rendre le brigantin le théâtre d'une scène de violence. On mit donc un esquif à flot, la grande voile fut jetée sur le mât, et Ludlow lui-même, accompagné du pilote et du maître, alla s'assurer jusqu'à quel point il était facile de s'approcher du contrebandier. Un éclair et un de ces coups de tonnerre qu'on reconnaît être plus terribles sur ce continent que dans l'autre hémisphère, avertirent le jeune marin qu'il était nécessaire de se hâter, s'il voulait regagner son vaisseau avant que le nuage qui menaçait toujours le bâtiment éclatât au dessus de sa tête. Le bateau s'avança rapidement dans la Cove, et le maître et le pilote sondèrent de chaque côté du bateau aussi vite que leurs marins pouvaient jeter et reprendre les plombs.

— C'est bien, dit Ludlow aussitôt qu'il fut convaincu que le vaisseau pouvait entrer. Je voudrais que le vaisseau pût parvenir aussi près que possible du brigantin, car je me méfie de sa tranquillité : nous allons avancer encore.

— Une sorcière en cuivre, dont les yeux

malins et la figure effrontée pourraient conduire un honnête marin à la contrebande, et même aux vols de mer, murmura Trysail peut-être effrayé de faire entendre sa voix près d'une créature qui semblait presque douée des facultés de la vie. Ah! voilà bien la coquine : je connais son livre et sa jaquette verte. Mais où sont ses protégés? Le vaisseau est aussi tranquille que les caveaux des sépulcres royaux le jour d'un couronnement, lorsque le dernier roi et ceux qui l'ont devancé sont ivrés à eux-mêmes. Voilà une bonne occasion de jeter l'équipage d'un bateau sur ses ponts, et de renverser cette impudente enseigne, qui porte dans les airs l'image de cette vilaine femme, si,

— Si quoi? demanda Ludlow frappé de la justesse de cette proposition.

— Si l'on était sûr de la nature de cette Sorcière, monsieur; car, pour avouer la vérité, j'aimerais mieux avoir affaire à un vaisseau français régulièrement construit, qui montre ses canons franchement, et qui fait entendre un tel bavardage, qu'on pourrait le reconnaître pendant la nuit... Cette créature parle!

Ludlow ne fit pas de réponse, car un horrible coup de tonnerre, auquel succéda la lueur brillante d'un éclair qui illumina subitement les traits sombres de la Sorcière, avait causé l'exclamation involontaire de Trysail. L'avertissement venant du nuage ne devait pas être dédaigné. Le vent, qui avait été variable pendant si longtemps, commença à se faire entendre dans les agrès du silencieux brigantin, et les deux éléments montraient des signes non équivoques de l'approche de la tempête. Le jeune matelot tourna vers son bâtiment des regards où se peignait tout son intérêt. Les vergues étaient sur les chouquets, les voiles enflées flottaient au loin sous le vent, et vingt ou trente figures d'hommes sur chaque espar prouvaient que les gabiers agiles étaient occupés à attacher les voiles et à les mettre au bas ris.

— Avancez, sur votre vie! s'écria Ludlow avec chaleur.

On entendit un seul coup d'aviron, et l'esquif fut poussé à vingt pieds plus loin de la mystérieuse image; les gens qui le conduisaient firent des efforts désespérés pour atteindre le croiseur avant qu'il ne fût assailli par la tempête. Le sourd mugissement du vent qui pénétrait dans les agrès du vaisseau s'entendait de loin, et le combat entre le croiseur et les éléments était par moment assez terrible pour faire craindre au jeune commandant d'arriver trop tard.

Le pied de Ludlow touchait le pont de la Coquette au moment où la rafale s'abattait avec furie sur ses voiles. Il ne songea plus qu'au danger du moment; car, éprouvant les sentiments d'un marin, son esprit était tout à son vaisseau.

— Laissez filer! s'écria l'officier d'une voix qui se faisait entendre au dessus des mugissements du vent. Carguez! ferlez les voiles!

Ces ordres furent donnés successivement et sans porte-voix, car le jeune officier pouvait, lorsque cela était nécessaire, parler aussi haut que la tempête. Ces ordres furent suivis d'un de ces moments terribles si familiers aux marins. Chacun donnait toute son attention à son devoir, tandis que les éléments se déchaînaient autour d'eux avec autant de furie que si la main qui les retient eût été retirée. La baie n'était qu'une nappe d'écume, tandis que le bruit de la tempête ressemblait au roulement de mille chariots. Le vaisseau cédait à son impulsion, et l'on voyait les vagues pénétrer dans ses dalots, et la ligne des mâts élevés s'incliner vers la surface de la baie, comme si l'extrémité de ses vergues allait se plonger dans les eaux. Mais cette soumission au premier choc ne dura qu'un moment.

Le bâtiment bien construit recouvra son équilibre, et essaya de voguer sur son élément, comme s'il eût deviné qu'il n'y avait d'espoir de salut que dans le mouvement. Ludlow jeta un regard du côté du vent. L'entrée de la Cove était heureusement située, et il aperçut les espars du brigantin bercés violemment par la rafale. Il demanda si le vaisseau était dégagé de son ancre, et on l'entendit encore crier de sa place dans le passe-avant :

— Arrive tout! la barre tout au vent!

Le premier effort du croiseur pour obéir au gouvernail, dépouillé qu'il était de ses voiles, fut difficile et lent; mais lorsque l'éperon commença à baisser, le nuage poussé par le vent est à peine plus prompt que ne le fut sa course. Dans ce moment les vapeurs se dilatèrent, et un torrent de pluie se mêla au bruit de l'orage en augmentant la confusion. On ne voyait plus rien que les lignes d'eau qui tombaient sur la nappe d'écume que le vaisseau traversait.

— Voici la terre, monsieur, s'écria Trysail, d'un bossoir où il était placé, ressemblant à un vénérable dieu marin noyé dans son élément natal. Nous la passons avec la rapidité d'un cheval de course !

— Dégagez vos ancres de poste, répondit le capitaine.

— Préparé, préparé, répondit Trysail.

Ludlow fit signe aux hommes, à la roue du gouvernail, d'amener le vaisseau au vent, et lorsque la marche du navire fut suffisamment amortie, deux ancres pesantes tombèrent sous les eaux à un autre signal. Le vaste bâtiment fut arrêté sans un nouveau choc. Lorsque l'avant se sentit retenu, le vaisseau se posa debout au vent, et des brasses d'énormes cordes furent attirées par des houles assez violentes pour agiter d'un tremblement le centre de la carène. Mais le premier lieutenant et Trysail n'étaient point novices dans leur métier, et en moins d'une minute ils avaient solidement assujéti le vaisseau sur ses ancres. Quand cet important service fut rendu, les officiers et l'équipage se regardèrent comme des hommes qui viennent de courir ensemble de grands hasards. Le temps s'éclaircit, et les objets devinrent visibles à travers la pluie qui tombait toujours. Ces hommes qui passaient leur vie sur mer respirèrent plus facilement, convaincus que le danger était passé. A mesure que leurs craintes diminuaient, ils se rappelèrent l'objet de leur recherche. Tous les yeux se tournèrent vers la Cove ; mais, par des moyens qui semblaient inexplicables , le contrebandier avait disparu.

— L'Écumeur de Mer ! Qu'est devenu le brigantin? furent les exclamations que la discipline d'un croiseur royal ne pouvait réprimer. Elles furent répétées par cent bouches, tandis que tous les yeux cherchaient où pouvait être le gracieux navire. Tous regardaient en vain. L'endroit où la Sorcière des Eaux était à l'ancre, il y avait si peu de temps, était désert, et l'on n'apercevait aucun vestige de naufrage sur le rivage de la Cove. Pendant le temps que le vaisseau ployait ses voiles et se disposait à entrer dans la Cove, personne n'avait pensé à s'occuper du brigantin, et lorsque la Coquette fut à l'ancre, il n'était pas encore possible de voir à une certaine distance. Il y avait alors une masse dense de pluie, et l'œil curieux et inquiet de Ludlow fit de vains efforts pour pénétrer ses secrets. Une fois cependant, plus d'une heure après que l'orage eut éclaté sur la Coquette, et lorsque l'Océan au large était calme et clair, il crut distinguer à un grand éloignement les espars, à peine visibles, d'un vaisseau contre l'horizon et sans aucune voile. Mais un nouveau regard ne put lui assurer la vérité de cette conjecture.

On raconta bien des histoires extraordinaires cette nuit-là, à bord du vaisseau de Sa Majesté britannique, la Coquette. Le maître d'équipage affirmait que regardant en bas, lorsqu'il était occupé à séparer les câbles, il entendit un cri dans les airs, comme si une centaine de diables s'étaient amusés à ses dépens ; ce qu'il raconta au canonnier en confidence, en lui disant qu'il croyait que ce n'était qu'un signal à bord du brigantin, qui avait saisi l'occasion, lorsque les autres vaisseaux étaient bien aises de pouvoir jeter l'ancre, de s'éloigner de la manière qu'il employait ordinairement. Il y avait aussi un matelot nommé Robert Yarn, dont le talent de raconter égalait celui de Scheherazade, et qui non-seulement assurait, mais affirmait par les plus étranges serments, que tandis qu'il était sur la vergue de hune, avançant le bras pour saisir le côté de la voile, une femme au visage sombre voltigea au dessus de sa tête, balayant son visage de sa longue chevelure, ce qui l'obligea à fermer les yeux et l'avait exposé à une sévère réprimande de la part du maître des voiles de hune. On essaya bien d'expliquer ce prodige, et ce fut le matelot, sur la vergue auprès de Yarn, qui pensait que les cheveux étaient simplement l'extrémité d'une garcette ou raban de frélage agité par le vent; mais le second, qui tenait un des avirons dans le navire, ôta tout crédit à cette explication, en vertu de sa réputation de véracité depuis longtemps établie. Trysail lui-même hasarda quelques mystérieuses conjectures sur le sort du brigantin, dans la chambre des canonniers du vaisseau ; mais en revenant de sonder le passage où il avait été envoyé par son capitaine, il fut moins communicatif et plus pensif qu'à l'ordinaire. Il parut par la surprise que manifesta chaque officier qui entendit le rapport du contre-maître qui avait jeté le plomb de sonde, que personne dans le vaisseau, à l'exception de l'alderman van Beverout, ne savait qu'il existât plus de deux brasses d'eau dans le passage secret.

CHAPITRE XVIII.

Prenez vos places, messieurs, et soyez vigilants.

SHAKSPEARE, *Henri IV*.

Le temps de la journée du lendemain

eut un caractère fixe. Le vent venait de l'est, et quoique léger il n'était point incertain. L'atmosphère avait cette apparence brumeuse, qui dans ces climats appartient à l'automne, mais qu'on voit quelquefois au milieu de l'été quand un vent souffle de l'océan. L'action des vagues qui frappaient le rivage était régulier et monotone, et les courants d'air étaient assez tranquilles pour éloigner toute crainte d'un changement de temps. Nous recommençons notre récit pendant les premières heures de l'après-midi.

La Coquette était à l'ancre à l'abri du cap. On voyait quelques petites voiles traverser la baie; mais la scène, à cette époque éloignée, était loin de présenter à l'œil la même activité que de nos jours. Les fenêtres du Lust-in-Rust se trouvaient de nouveau ouvertes, et le mouvement dans la villa et ses environs annonçait la présence du maître.

L'Alderman traversait en effet la petite plaine en face de la Cour-des-Fées, accompagné d'Oloff van Staats et du commandant de la Coquette. Il était évident par les regards que ce dernier jetait à chaque instant sur le pavillon, qu'il pensait à celle qui était absente, tandis que les deux autres maîtrisaient mieux leurs sentiments ou ressentaient moins d'inquiétude. Une personne qui aurait connu le caractère de ces trois individus, et qui aurait su ce qui s'était passé, aurait pu soupçonner à cette indifférence du patron, qui présentait un contraste avec l'expression mystérieuse qui animait un visage ordinairement si calme, que le jeune amant songeait moins à l'héritage du vieux Étienne de Barberie qu'au secret plaisir qu'il avait trouvé dans les incidents singuliers dont il avait été le témoin.

— Propriété et discrétion! observa le bourgeois, en réponse à une remarque qui lui avait été faite par un des jeunes gens, je vous dis encore pour la vingtième fois, qu'Alida de Barberie reviendra parmi nous, aussi belle, aussi innocente, aussi riche que jamais!... Peut-être je devrais ajouter aussi obstinée. Un enfant gâté pour faire enrager son vieux oncle et deux honorables amants par son étourderie! Les circonstances, messieurs, ajouta le prudent marchand, qui voyait bien que la main dont il avait à disposer avait un peu baissé de prix dans le marché, vous ont placé sur un terrain égal dans mon estime. Si ma nièce, après tout, préférait le capitaine Ludlow pour associé dans le commerce de la vie, cela n'affaiblirait pas l'amitié qui existe entre le fils du vieux van Staats et Myndert van Beverout. Nos grand'mères étaient cousines, et l'on se doit affection mutuelle quand on est du même sang.

— Je ne puis continuer à offrir mes hommages à votre nièce, répondit le patron, puisqu'elle m'a fait entendre si clairement qu'ils ne lui étaient pas agréables.

— Entendre ! Appelez-vous ce caprice d'un moment, ce badinage, ce jeu, comme le capitaine dirait, avec vents et marée, vous faire entendre? La jeune fille a du sang normand dans les veines, et elle désire donner plus de vivacité à vos hommages. Si les marchés étaient interrompus parce que l'acheteur veut avoir les marchandises à meilleur marché, et parce que le vendeur affecte d'attendre un meilleur moment pour vendre, Sa Majesté ferait bien aussi de fermer les douanes tout d'un coup et de chercher ailleurs des revenus. Laissez le caprice de la jeune fille avoir son cours, et je parie les profits sur les fourrures pendant un an, contre ton revenu, que nous la verrons se repentir de sa folie et consentir à entendre raison. La fille de ma sœur n'est point une sorcière pour voyager de par le monde sur un manche à balai.

— Il y a une tradition dans notre famille, dit Oloff van Staats, dont les yeux brillaient d'un secret plaisir, tandis qu'il affectait de rire de la folie qu'il racontait, que le fameux devin Poughkeepsie rappela en présence de ma grand'mère, et qui dit qu'un patron de Kinderhook épouserait une sorcière. Ainsi, si je voyais la belle Alida dans l'attitude que vous venez de décrire, je ne serais pas très-alarmé.

— La prophétie fut accomplie au mariage de ton père, murmura Myndert qui, malgré la légèreté apparente avec laquelle il traitait ce sujet, éprouvait un certain respect pour les sorciers de la province, dont la haute réputation se conserva jusqu'à la fin du dernier siècle; sans cela son fils n'eût pas été un jeune homme si accompli. Mais voilà le capitaine Ludlow qui regarde l'Océan comme s'il espérait que ma nièce sortît des flots sous la forme d'une sirène.

Le commandant de la Coquette indiqua l'objet qui captivait ses regards, et qui, par la manière dont il se montrait en ce moment, n'était pas de nature à affaiblir la foi de ses compagnons aux pouvoirs surnaturels.

Nous avons dit que le vent était sec et l'atmosphère nébuleuse ou plutôt chargée d'une vapeur légère qui avait l'apparence d'un nuage de fumée. Par un tel temps, l'œil d'une personne qui se trouve sur une élévation ne peut distinguer ce qu'on appelle en mer l'horizon visible. Les deux éléments deviennent si étroitement unis, que nos regards ne peuvent plus deviner où l'eau finit et où le vide des cieux commence. Il en résulte une conséquence, c'est que tous les objets qui sont aperçus au-delà des limites apparentes de l'eau, semblent flotter dans les airs. Il est rare que les yeux d'un homme habitué à vivre sur terre puissent pénétrer au-delà des limites factices de la mer, lorsque l'atmosphère est dans un état semblable, quoique l'œil expérimenté d'un marin découvre souvent des vaisseaux qui sont cachés à des regards moins habiles, simplement parce qu'on ne les cherche pas où ils sont. Cette illusion peut aussi être aidée par un léger degré de réfraction.

— Là, dit Ludlow en montrant une ligne qui aurait pénétré dans l'eau à deux ou trois lieues au large. D'abord amenez la cheminée des bâtiments peu élevés de la plaine sur la même ligne que le chêne mort de la côte, et levez les yeux lentement, jusqu'à ce que vous découvriez une voile.

— Ce vaisseau navigue dans les cieux ! s'écria Myndert. Ta grand'mère était une femme d'esprit, patron ; elle était cousine de ma pieuse grand'mère, et l'on ne peut s'étonner de ce que ces dames respectables ont vu dans leur temps et de ce qu'elles ont entendu, lorsqu'on voit dans le nôtre de semblables choses.

— Je suis aussi peu disposé qu'un autre à ajouter foi aux prodiges, répondit gravement Oloff van Staats ; et cependant, si j'étais appelé en témoignage, je répugnerais à dire que le vaisseau qui est là-bas ne flotte pas dans les cieux !

— Vous vous tromperiez cependant, reprit Ludlow. Ce vaisseau est simplement un brigantin demi-gréé, dont la bouline est très-élevée, quoiqu'il ne montre pas beaucoup de voiles. Monsieur van Beverout, le croiseur de Sa Majesté est disposé à se mettre en mer.

Myndert entendit cette déclaration avec un chagrin visible. Il parla de la vertu, de la patience et des avantages de la terre ferme ; mais lorsqu'il s'apercut que la résolution de l'officier ne pouvait pas être ébranlée, il annonça avec répugnance l'intention où il était de se mettre personnellement à la recherche de sa nièce. En conséquence ces trois personnes se trouvèrent une demi-heure plus tard sur les rives de la Shrewsbury, et prêtes à s'embarquer dans la chaloupe de la Coquette.

— Adieu, monsieur François, dit l'Alderman en faisant un signe de tête au vieux valet qui restait désolé sur le rivage; ayez soin des meubles dans la Cour-des-Fées, nous pouvons en avoir encore besoin.

— Mais, monsieur Bevre, en supposant que la mer fût plus agréable, mon devoir et mon désir seraient de suivre mademoiselle Alida. Jamais personne dans la famille de Barberie n'a aimé la mer. Mais, monsieur, comment faire? je mourrai de douleur dans un vaisseau, et je mourrai certainement d'ennui en restant ici.

— Venez alors, fidèle François, dit Ludlow. Vous suivrez votre jeune maîtresse, et peut-être cette nouvelle épreuve vous convaincra que notre existence, à nous autres marins, est plus agréable que vous ne le pensiez.

Le visage de François exprima éloquemment ce que son cœur ressentait; et l'équipage de la chaloupe, qui conservait sa gravité quoique secrètement amusé, crut un instant que le vieux domestique, en entrant dans la barque, allait donner un échantillon de sa facilité à anticiper le mal.

Ludlow compatit à la détresse du pauvre François, et l'encouragea par un regard d'approbation. Le langage de la bonté n'a pas besoin de s'exprimer par des paroles, et la conscience du valet l'avertit qu'il s'était peut-être exprimé trop librement sur un élément auquel tant d'hommes vouaient leur vie et leurs espérances.

— La mer, monsieur le capitaine, dit-il avec un certain air de respect, est un vaste champ de gloire. Messieurs de Tourville et Dugay-Trouin sont des hommes fort remarquables; mais je suis obligé de convenir que la famille de Barberie a toujours préféré la terre.

— Je désirerais que votre capricieuse maîtresse, master François, eût partagé ce sentiment, observa sèchement Myndert; car permettez-moi de vous dire que cette croisière sur un vaisseau suspect fait aussi peu d'honneur à son jugement que... Courage, patron! la jeune fille veut simplement mettre ta patience à l'épreuve, et l'air de la mer ne fera pas plus de tort à son teint qu'à sa bourse. Un peu de prédilection pour l'eau salée, capitaine Ludlow, doit élever une jeune fille à vos yeux.

— Oui, monsieur, répondit Ludlow avec un sourire ironique, si cette prédilection ne s'étend pas plus loin. Mais qu'elle soit trompée ou non, abusée ou séduite, on ne doit pas abandonner Alida de Barberie et la laisser victime de vils artifices. J'aimais votre nièce, monsieur van Beverout, et... Avancez, matelots, dormez-vous sur vos avirons?

La manière subite dont le jeune marin interrompit sa phrase, et le ton avec lequel il parla à l'équipage, termina la conversation. Il était évident qu'il ne voulait pas en dire davantage, et qu'il regrettait même la faiblesse qui l'avait engagé à s'expliquer. On franchit en silence la distance qui séparait la terre du vaisseau.

Lorsque le croiseur de la reine Anne fut aperçu, doublant Sandy-Hook à midi passé, le 6 juin (temps de mer), dans l'année 17..., le vent, suivant qu'il est rapporté dans un ancien journal tenu par un midshipman et qui existe encore, était léger, fixe au sud, en inclinant vers l'ouest. Il paraît d'après le même document, que le vaisseau partit à sept heures après midi; la pointe de Sandy-Hook portant ouest incliné au sud, à trois lieues de distance. Sur la même page qui contient ces particularités, on observe au chapitre des remarques : « Le vaisseau, sous les bonnettes de tribord de l'avant à l'arrière, comptait six nœuds. Un brigantin demi-gréé et suspect était à l'est, sous la grande voile, avec les petits huniers au mât ; les voiles hautes et légères, ainsi que le grand foc pendant; misaine carguée. Les grands arcs-boutants du tribord paraissaient gréés au dehors, et les drisses prêtes pour une course. On suppose que ce vaisseau est le fameux hermaphrodite appelé la Sorcière des Eaux, commandé par l'Ecumeur des mers, et le même qui nous a échappé hier d'une manière si étrange. Que le Seigneur nous envoie du vent plein un bonnet, et nous essaierons la célérité de ses talons avant la matinée. Passagers : l'Alderman van Beverout; second quartinier de la ville de New-York, dans la province de Sa Majesté qui porte le même nom; Oloff van Staats, Esq., appelé communément le patron de Kinderhook, de la même colonie; et un vieux garçon portant une espèce de jaquette de marine, ayant toujours l'air d'avoir mal au cœur, et qui répond lorsqu'on le hèle, sous le nom de Francis. Singulier trio, quoiqu'il semble convenir au goût du capitaine. *Memorand*. Chaque roulis semble produire l'effet d'un grain d'émétique sur le garçon en jaquette marine. »

Comme nous ne pourrions donner une description plus exacte des deux vaisseaux en question, que celle que nous venons d'extraire du journal, nous reprendrons notre narration un peu avant la chute du jour, au 33e degré de latitude et dans le mois de juin.

Le jeune adorateur de Neptune, dont nous avons cité l'opinion, s'était abusé sur ses connaissances de localité, en affirmant la distance et la position du cap, puisque le point bas et sablonneux n'était plus visible du pont. Le soleil s'était couché suivant la position du vaisseau, précisément à l'embouchure du Rariton, et les ombres de Navesink ou Neversink, comme ces montagnes sont vulgairement appelées, s'avançaient au loin dans la mer. Enfin la nuit s'approchait avec toutes les apparences d'un beau temps, mais d'une obscurité plus profonde que celle qui règne ordinairement sur l'Océan. Dans de telles circonstances, le but principal était de conserver la trace du vaisseau pendant le temps où il serait nécessairement caché à tous les yeux.

Ludlow se promenait sur le passe-avant du vaisseau, et, s'appuyant sur les hamacs vides, il jetait de longs regards sur l'objet de ses poursuites. La Sorcière des Eaux était placée sous le point de l'horizon le plus favorable pour être vue. La faible lueur qui s'échappait encore des cieux était sans éclat de ce côté; et pour la première fois de la journée, il vit le brigantin dans toute la justesse de ses proportions. L'admiration du marin se trouva mêlée aux autres sentiments du jeune homme. Le brigantin était placé de manière à montrer dans tout leur avantage la perfection de sa forme et la hardiesse de ses agrès; l'avant se présentant au vent était tourné du côté de la Coquette, et, dans son balancement,

Ludlow vit ou crut voir la mystérieuse figure toujours perchée sur le taille-mer, présentant son livre aux curieux, et montrant avec le doigt l'immensité des flots. Un mouvement du hamac sur lequel il s'appuyait invita le jeune officier à regarder à côté de lui, et il vit que le maître venait de s'approcher autant que la discipline pouvait le lui permettre. Ludlow avait un grand respect pour les talents que ce marin possédait, et il ne voyait pas non plus sans chagrin que la capricieuse fortune avait peu fait pour récompenser les services d'un homme assez âgé pour être son père. Ces souvenirs disposaient toujours Ludlow à l'indulgence envers un matelot qui, à l'exception de ses talents dans la marine et de sa longue expérience, n'avait rien de recommandable.

— Nous allons avoir une nuit sombre, master Trysail, dit le jeune capitaine sans changer la direction de ses regards, et nous pouvons encore mettre une bouline avant de gagner de vitesse cet insolent qui est là-bas.

Le maître sourit comme une personne

qui en sait plus qu'elle n'en veut dire, et secoua gravement la tête.

— Nous pouvons travailler longtemps sur les boulines et les vergues, avant que la Coquette (la figure d'ornement du vaisseau de guerre représentait aussi une femme) s'approche assez de ce noir visage sous le beaupré du brigantin, pour lui dire sa façon de penser. Vous et moi, qui avons été assez près d'elle pour voir le blanc de ses yeux et compter les dents qu'elle montre en faisant son étrange grimace, quel bien en avons-nous retiré? Je ne suis qu'un subordonné, capitaine Ludlow, et je connais trop bien mon devoir pour ne pas garder le silence pendant une rafale; je sais aussi comment parler lorsque mon commandant désire connaître les opinions de ses officiers dans un conseil, et peut-être la mienne maintenant est différente de celle d'autres personnes du vaisseau, qui peuvent être fort honnêtes quoiqu'elles ne soient pas les plus âgées.

— Et quelle est ton opinion, Trysail? le vaisseau va bien et porte parfaitement ses voiles.

— Le vaisseau se conduit comme une jeune personne bien élevée en présence de la reine ; il a son air modeste et solennel. Mais de quel usage sont les voiles quand la sorcellerie enfante des orages, raccourcit les voiles d'un vaisseau, tandis qu'elle donne des ailes à un autre ? Si l'on persuadait à Sa Majesté, Dieu la bénisse, de donner un vaisseau au vieux Tom Trysail, et que ce vaisseau fût juste où est la Coquette maintenant, je sais bien alors ce que ferait son commandant....

— Et que ferait-il ?

— Avec toutes les bonnettes déployées, il conduirait le vaisseau sur le vent.

— Cela vous conduirait vers le sud, tandis que le vaisseau que nous chassons est à l'est.

— Qui peut dire jusques à quand il y sera ? On nous a dit à York qu'il y avait un vaisseau français de notre calibre parmi les pêcheurs plus bas vers la côte. Maintenant, monsieur, personne ne sait mieux que la guerre est à moitié finie que moi-même, car je n'ai pas eu un sou d'argent de prise dans ma poche depuis trois ans ;

mais comme je disais, si un vaisseau français vient de ce côté pour pêcher en eau trouble, à qui la faute si ce n'est à lui? On pourrait tirer un joli parti de sa méprise, capitaine Ludlow. Tandis que courir après le brigantin c'est user les voiles de la reine pour rien. Le fond du vaisseau aura besoin d'un nouveau doublage, suivant mon humble opinion, avant que nous puissions l'attraper.

— Je ne sais pas, Trysail, répondit le capitaine en levant les yeux. Chaque chose est à sa place, et jamais le vaisseau n'avança avec plus de facilité. Nous ne saurons pas qui a les jambes plus longues, avant d'en avoir fait l'épreuve.

— Vous pouvez juger de la rapidité du coquin par son impudence. Il nous attend comme un vaisseau de guerre attend l'ennemi. Quoique j'aie quelque expérience, je n'ai jamais vu le fils d'un lord plus sûr d'une promotion que ce brigantin ne semble sûr de ses talons. Si le vaisseau français reste quelque temps de ce côté, nous pourrons le regarder honnêtement sous le nez; car ces gens-là ne portent jamais leurs véritables couleurs à bord, comme de francs Anglais. Eh bien ! monsieur, comme je vous le disais, ce corsaire, si corsaire il y a, a plus de foi dans ses voiles que dans l'église. Je ne fais aucun doute, capitaine Ludlow, que le brigantin ne traversât le passage, hier, tandis que nous ployions nos voiles de hune, car je ne suis pas de ceux qui se dépêchent de donner crédit aux histoires surnaturelles ; outre cela, j'ai sondé le passage de mes propres mains, et je sais que la chose est possible, lorsque le vent souffle pesamment sur le tableau de couronnement. Cependant, monsieur, la nature humaine est la nature humaine ; et le plus vieux marin, qu'est-il après tout ? un homme. Ainsi, pour en finir, j'aimerais mieux, dans tous les temps, donner la chasse à un vaisseau français, dont les intentions me sont connues, que de courir pendant quarante-huit heures dans le sillage d'un de ces bâtiments qui fuient comme l'oiseau, avec peu d'espérance de le héler.

— Vous oubliez, master Trysail, que j'ai été à bord de ce bâtiment, et que je connais la manière dont il est construit ainsi que son caractère.

— On le dit ici , reprit le vieux marin en s'approchant plus près de son capitaine avec un sentiment de curiosité, quoique personne ne connaisse les particularités de cette visite. Je ne suis pas de ceux qui font des questions impertinentes, surtout sous le pavillon de la reine, et mon plus grand ennemi ne pourrait m'accuser d'avoir la curiosité d'une femme. On peut croire qu'on voit des choses bien travaillées à bord d'un bâtiment dont l'extérieur est si élégant.

— Il est parfait dans sa construction , et admirable dans ses agrès.

— Je le pensais, par instinct. Son commandant n'en devrait être que plus attentif à le garantir des écueils. La plus jolie jeune femme de notre paroisse fit naufrage pour avoir fait une croisière de trop avec le fils de l'Esquare. C'était une charmante fille, quoiqu'elle désertât ses anciennes compagnes lorsque le jeune lord tomba dans son sillage. Elle se conduisit bravement, monsieur, tant qu'elle put porter ses voiles et aller avec le vent ; mais lorsque la rafale dont je parle l'atteignit, que pouvait-elle faire de mieux que de voguer devant elle ? Et comme d'autres qui étaient plus sévères dans leur morale firent parler contre elle la religion et ce qu'elles avaient appris dans leur catéchisme, elle s'éloigna du vent de toute honnête société. C'était une jeune fille bien construite et dont le talon était léger, et je ne suis pas trop certain que mistress Trysail pût se dire aujourd'hui femme d'un officier de la reine, si cette jeune étourdie avait su comment porter ses voiles dans la compagnie de ses supérieurs.

Le digne maître tira de sa poitrine un son creux, qui peut-être était un soupir de marin, mais ressemblait beaucoup plus au vent du nord qu'au zéphyr, et il eut recours à sa petite boîte de fer dans laquelle il puisait des consolations.

—J'ai déjà entendu raconter cette histoire, dit Ludlow, qui avait servi comme midshipman sur le même vaisseau, et même sous les ordres de celui qui était aujourd'hui son subordonné. Mais suivant tous les rapports, vous avez gagné au change ; chacun fait l'éloge de votre digne compagne.

— Il n'y a pas de doute, il n'y a pas de doute. Je défie aucun homme du vaisseau de m'accuser de calomnie, même envers ma propre femme, sur laquelle j'ai cependant le droit légal de parler franchement. Je ne me plains pas, et je suis un mari heureux sur mer ; j'espère pieusement que mistress Trysail sait se soumettre à son devoir pendant mon absence. Je suppose que vous voyez, monsieur, que le brigantin a déchargé ses vergues, et prépare son amarre de misaine?

Ludlow, dont les yeux ne quittaient pas le brigantin, fit signe qu'il s'en apercevait; et le maître s'étant assuré que chaque voile de la Coquette remplissait son devoir, continua :

— La nuit devient épaisse, et nous aurons besoin de tous nos yeux pour surveiller le coquin lorsqu'il changera de situation... Mais, comme je disais, si le commandant de ce brigantin est trop vain de la beauté de son vaisseau, il peut le perdre par orgueil. Cet homme a le caractère désespéré d'un corsaire, quoique pour ma part, je ne puisse pas dire que j'aie une très-mauvaise opinion de ces gens-là. Le commerce me semble une sorte de chasse entre l'esprit d'un homme et l'esprit d'un autre, et le moins habile doit être content de tomber sous le vent. Lorsque cela en vient à la question du revenu, celui qui s'échappe est heureux, et celui qui se laisse attraper est une prise. J'ai connu un officier-général, capitaine Ludlow, qui regardait de l'autre côté lorsque ses propres effets passaient en contrebande, et la femme de votre amiral est la plus grande protectrice des contrebandiers. Je ne nie pas qu'on ne doive poursuivre un corsaire, et que, quand il est attrapé, on ne doive le condamner et partager franchement les marchandises entre les vainqueurs. Mais ce que je voulais dire, c'est qu'il y a des hommes plus coupables dans le monde que vos pirates anglais... Par exemple, vos Français, vos Hollandais et vos Dons.

— Voilà des opinions hétérodoxes pour un serviteur de la reine, dit Ludlow aussi disposé à rire qu'à se fâcher.

— Je connais trop bien mon devoir pour

les répandre parmi l'équipage du vaisseau ; mais un homme peut exprimer à son capitaine des pensées philosophiques, qu'il ne glisserait pas dans l'oreille d'un midshipman. Quoique je ne sois pas avocat, je sais ce que c'est que de faire jurer un témoin sur la vérité et rien que la vérité. Je désire que la reine ait jusqu'au dernier, Dieu la bénisse! Plusieurs vaisseaux usés seraient alors démolis, et on enverrait en mer de meilleurs bâtiments à leur place. Mais, monsieur, pour parler sous un point de vue religieux, quelle différence y a-t-il à passer dans une boîte les plus beaux atours d'une duchesse, avec son nom sur une plaque de cuivre, ou à passer assez de genièvre pour remplir le fond de cale d'un cutter ?

— On devrait croire qu'un homme de votre âge, monsieur Trysail, voit la différence qui existe entre le revenu d'une guinée ou celui de mille livres.

— C'est justement la différence qui existe entre vendre en détail ou en gros, et ce n'est pas une bagatelle, j'en conviens, capitaine Ludlow, dans un pays commerçant. Cependant, monsieur, comme le revenu est un droit du pays, je conviens qu'un contrebandier est un homme coupable; mais non pas autant que ceux que je viens de nommer, particulièrement vos Hollandais. La reine a raison de faire baisser pavillon à ces coquins, dans la Manche qui est sa propriété légale, parce que l'Angleterre étant une île puissante, et la Hollande n'étant qu'un monceau de boue qu'on a retourné pour faire sécher, il est raisonnable que nous ayons l'empire des mers. Non, monsieur, malgré tous les cris qui s'élèvent contre un homme qui n'a point été heureux dans une chasse avec un cutter des revenus, j'espère que je connais les droits naturels d'un Anglais. Nous devons être maîtres ici, capitaine Ludlow, qu'on le veuille ou non, et surveiller les affaires du commerce et des manufactures.

— Je ne vous croyais pas un politique aussi accompli, maître Trysail.

— Quoique le fils d'un pauvre homme, capitaine Ludlow, je suis un libre Anglais; mon éducation n'a pas été entièrement négligée. Je sais quelque chose, je l'espère, de la constitution, aussi bien que mes supérieurs. Justice et honneur étant la devise d'un Anglais, nous devons veiller aux intérêts de l'Angleterre. Nous ne sommes point un peuple de bavards, mais nous savons raisonner ; il ne manque pas de penseurs profonds dans la petite île, et voilà une des raisons pour lesquelles l'Angleterre doit soutenir ses droits. Par exemple, le Hollandais est un cormoran vorace, avec une gueule assez large pour avaler tout l'or du grand Mogol s'il pouvait l'attraper, et en même temps uu vagabond qui a à peine assez de terre pour y poser les pieds, s'il faut dire la vérité. Eh bien! monsieur, l'Angleterre abandonnera-t-elle ses droits à une nation de tels coquins ? Non, monsieur, notre respectable constitution et notre mère l'église le défendent elles-mêmes, et ainsi je dis : Dieu me damne! abordez-les s'ils refusent quelques-uns de nos droits naturels, ou montrent le désir de nous mettre à leur indigne niveau.

— C'est raisonner comme un compatriote de Newton , et avec une éloquence qui ferait honneur à Cicéron. Je tâcherai de digérer vos idées à loisir, car elles sont trop solides pour que ce soit l'affaire d'une minute. Maintenant nous allons nous occuper de la chasse, car je vois à l'aide de ma lunette que le brigantin a mis ses bonnettes, et qu'il commence à se ranger de l'avant.

Cette remarque termina le dialogue entre le capitaine et son subordonné. Ce dernier quitta le passe-avant avec cette sensation agréable et secrète qui se communique à ceux qui sont convaincus qu'ils se sont débarrassés avec honneur d'un fardeau de profondes pensées.

Il était temps en effet de surveiller attentivement les mouvements du brigantin; car il y avait lieu de craindre qu'en changeant de direction pendant les ténèbres, il parvînt à s'éloigner. La nuit environnait de plus en plus la Coquette, l'horizon se rétrécissait autour d'elle, et ce n'était qu'à des intervalles inégaux que les hommes qui étaient sur les vergues pouvaient distinguer la position du brigantin. Tandis que les deux vaisseaux étaient dans cette situation, Ludlow rejoignit ses hôtes sur le gaillard d'arrière.

— Un homme prudent essaiera de l'emporter par adresse lorsqu'il ne peut l'emporter par force, dit l'Alderman. Je ne prétends pas avoir de grands talents en marine, capitaine Ludlow, quoique j'aie passé une semaine à Londres et que j'aie traversé sept fois l'Océan pour me rendre à Rotterdam. Nous ne fîmes rien de bon dans nos traversées en essayant de forcer la nature. Lorsque les nuits devenaient sombres, comme maintenant, les honnêtes marins attendaient un meilleur temps, et par ce moyen nous arrivions sans danger au port.

— Vous voyez que le brigantin a ouvert ses voiles quand nous l'avons aperçu pour la dernière fois, et celui qui veut aller vite doit avoir recours aux mêmes moyens.

— On ne peut jamais savoir ce qui se passera dans les cieux quand il est impossible de voir la couleur d'un nuage. Je ne connais la réputation de l'Ecumeur de Mer que par celle que la renommée lui donne ;

mais d'après l'opinion d'un humble homme de terre, nous ferions mieux de montrer des lanternes dans différentes parties du vaisseau, de crainte que quelque bâtiment allant en Amérique ne vienne nous heurter, et attendre à demain pour agir.

— On nous épargne la peine de la surveillance, car voyez, l'insolent s'est éclairé lui-même comme pour nous inviter à le suivre. Cette témérité surpasse toute croyance! se jouer ainsi d'un des plus rapides croiseurs de la flotte anglaise! Voyez si tout est en bon état, messieurs, et tendez davantage les voiles. Qu'on borde les huniers, monsieur, et voyez si tout est bien accoré dans l'arrimage.

L'ordre fut répété par l'officier de quart, qui demanda si toutes les voiles étaient aussi tendues que possible; il renforça quelques-uns des cordages, et un repos général succéda à cette activité momentanée.

Le brigantin avait en effet montré une lumière, comme s'il se moquait des tentatives du croiseur royal. Quoique secrètement piqués par ce mépris ouvert de la rapidité de leur bâtiment, les officiers de la Coquette se trouvèrent délivrés d'une pénible surveillance. Avant que cette lumière ne se montrât, ils étaient obligés de concentrer toutes leurs facultés sur ce point, tandis qu'à l'aide de cette lueur brillante qui s'élevait et s'abaissait doucement avec les vagues, ils suivaient en toute confiance le contrebandier.

— Je crois que nous sommes plus près de lui, dit à demi-voix l'impatient capitaine; car, voyez, il y a quelque chose de visible des deux côtés de la lanterne. Tenez, c'est le visage d'une femme, sur ma foi!

—Les hommes de la yole rapportent que le corsaire montre ce symbole dans plusieurs parties du vaisseau, et nous savons qu'il eut l'impudence de le montrer hier en notre présence, même sur son enseigne.

— En effet, prenez votre lunette, monsieur Luff, et dites-moi s'il n'y a pas un visage de femme en face de cette lumière. Nous le serrons certainement de plus près... Qu'on fasse silence à l'avant et à l'arrière du vaisseau. Le coquin ne nous reconnaît pas!

— Une impertinente sorcière! comme

chacun peut voir, reprit le lieutenant. Son rire impudent est visible à l'œil nu.

— Que tout soit prêt pour l'abordage! Que plusieurs personnes s'apprêtent à se jeter sur les ponts, je les conduirai moi-même.

Ces ordres furent donnés rapidement et à voix basse; ils furent promptement exécutés. Pendant ce temps la Coquette continuait à glisser sur l'onde avec vélocité, ses voiles humectées de rosée, et chaque souffle de l'air augmentant leur tension. Les matelots désignés se tenaient prêts pour l'abordage; des ordres furent donnés pour garder le plus profond silence; et comme le vaisseau s'approchait de plus en plus de la lumière, les officiers eux-mêmes furent priés de ne pas faire un mouvement. Ludlow, placé sur la lisse de rabattue de l'arrière, pour commander à la barre, entendit ses ordres répétés distinctement, quoiqu'à voix basse, par le contre-maître.

— La nuit est si noire, on ne nous voit certainement pas, observa le jeune homme à son second qui était près de lui; il a incontestablement perdu notre position. Voyez comme le visage de cette femme devient de plus en plus distinct ; on peut voir jusqu'aux boucles de ses cheveux. — Loffez, monsieur, loffez, nous allons l'aborder.

— Il faut que l'insensé soit à la cape, reprit le lieutenant. Les sorcières elles-mêmes perdent quelquefois l'esprit ! Voyez-vous de quel côté est l'avant, monsieur ?

— Je ne vois rien que la lumière. Il fait si sombre que nos propres voiles sont à peine visibles, et cependant je crois que voilà des vergues un peu en avant de notre travers.

— Ce sont nos propres boute-hors de bonnettes basses. Je les ai fait tenir prêtes dans le cas que nous virions de bord si le coquin changeait de vent. Ne filons-nous pas trop plein ?

—Vous pouvez loffer un peu ; loffez, ou nous le briserons.

Lorsque cet ordre fut donné, Ludlow s'avança rapidement. Il trouva les gens de l'abordage prêts à s'élancer. Il leur recommanda vivement d'amener le brigantin, coûte que coûte, mais de ne commettre de violence que dans le cas où l'on ferait une sérieuse résistance. Il leur enjoignit par trois fois de ne point descendre dans les cabines, et il exprima le désir que, dans tous les cas, l'Écumeur de Mer fût pris vivant. Lorsque ces recommandations furent faites, la lumière était si près du bâtiment qu'on pouvait distinguer chacun des traits malins de la Sorcière. Ludlow chercha en vain les espars, afin de s'assurer de la direction de l'avant du brigantin ; et se confiant au hasard, il vit que le moment décisif était arrivé.

— Tribord, et à l'abordage! Levez vos grappins, levez, jetez loin de vous! Atteignez près du gouvernail. Courage, amis! et agissez avec calme! Ces ordres furent donnés d'une voix claire et pleine qui semblait devenir plus profonde à chaque mot qui sortait de la bouche du jeune commandant.

Les gens de l'abordage obéirent gaîment et sautèrent sur le gréement. La Coquette cédait rapidement au pouvoir du gouvernail. S'inclinant d'abord vers la lumière, puis plongeant et se relevant du côté du vent, un instant plus tard elle touchait presque le brigantin. Les grappins furent jetés, et chacun retint sa respiration dans l'attente du choc des deux vaisseaux. Dans ce moment d'émotion générale, le visage de femme s'éleva en l'air à une faible distance ; il semblait sourire de pitié sur cette vaine tentative, et il disparut subitement. Le vaisseau s'élança tranquillement en avant ; l'on n'entendit d'autre bruit, excepté celui des vagues, que le choc des grappins, qui tombèrent lourdement dans la mer ; et la Coquette eut bientôt dépassé le lieu où la lumiere avait été vue, sans avoir éprouvé la moindre secousse. Quoique le temps se fût un peu éclairci, et que l'œil pût embrasser un circuit d'environ cent pieds, on n'apercevait rien dans cet espace, à l'exception de l'élément inquiet et du noble croiseur de la reine Anne flottant sur les vagues.

Bien que les effets de cet incident singulier fussent différemment ressentis par les gens de l'équipage, le désappointement fut général. L'impression commune devint certainement défavorable au caractère terrestre du brigantin; et lorsque des opinions decette nature prennent possession d'esprits ignorants, elles ne sont pas aisément détruites. Trysail lui-même, quoique ayant l'expérience de l'art qu'emploient ceux qui se jouent des revenus de la couronne, était disposé à croire que ce n'était là ni lueurs flottantes ni fausses balises, mais une manifestation que des objets surnaturels pouvaient se montrer quelquefois sur les ondes. Si le capitaine Ludlow pensa différemment, il ne jugea point à propos d'entrer en explication avec ceux dont le devoir était de lui obéir en silence. Il se promena sur le gaillard de derrière pendant quelques minutes, et donna ses ordres au lieutenant également désappointé. Les voiles légères de la Coquette furent ployées, les bonnettes détendues et les boute-hors assujétis. Alors le vaisseau fut amené au vent; et serrant davantage la côte, le petit hunier fut jeté au mât. Dans cette position, le croiseur attendit la lueur du matin, afin de donner plus de certitude à ses mouvements.

FIN DU TOME DEUXIÈME.

Poitiers. — Imprimerie de F.-A. SAURIN.

www.ingramcontent.com/pod-product-compliance
Lightning Source LLC
LaVergne TN
LVHW010556110826
845149LV00003B/672

* 9 7 8 2 0 1 1 8 6 8 4 4 2 *